Tolle Sachen aus

Natur-material

Alle Bastelbücher dieser Reihe sind direkt für Kinder gedacht. Jeder Arbeitsschritt wird durch Abbildungen und leichtverständliche Texte so erklärt, daß du ohne Hilfe von Erwachsenen arbeiten kannst. Und wenn du einmal weißt, wie man die einzelnen Sachen macht, wirst du sicher auch Lust bekommen, weitere Dinge selbst zu entwerfen.
Dieses Buch enthält Dinge aus Naturmaterialien, die du im Garten, auf dem Land, an der Küste und sogar in der Küche finden kannst.
Die orangefarbenen Schildchen an den Seiten zeigen dir, was für Material in diesem Kapitel verwendet worden ist – alle Bastelarbeiten zwischen einem Schildchen und dem nächsten sind aus dem gleichen oder einem ähnlichen Material gemacht.
Die „Erster Versuch"-Schildchen oben an den Seiten weisen darauf hin, daß in diesem Abschnitt zur Übung erst eine einfachere Arbeit gemacht wird, bevor man etwas Größeres und Schwierigeres beginnt.
Bevor du anfängst, liest du am besten die Hinweise auf den folgenden beiden Seiten durch.

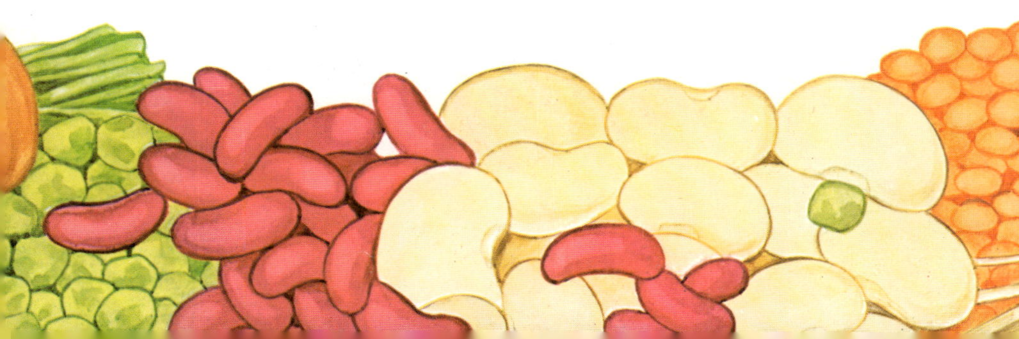

Nützliche Hinweise

Ein Spaziergang im Grünen

Wenn du spazieren gehst, bleibe von Zeit zu Zeit stehen und sieh dich um. Kennst du die einzelnen Pflanzen und Bäume? Suche nach Anzeichen und Spuren von Insekten und wilden Tieren. Schütze die Landschaft, zerstöre keine Pflanzen oder grabe sie aus und pflücke Blumen nur dann, wenn du weißt, daß es in diesem Gebiet noch viele davon gibt.

Was du mitnehmen solltest

Große Schultertasche
2 oder 3 Plastiktüten und Gummis zum Verschließen
Garn, um Zweige zusammenzubinden
Plastikdosen mit Deckeln
nassen Baumwollstoff und Folie zum Umwickeln von Stengeln
Skizzenpapier und Stift
Lexikon zum Bestimmen
Schere

Das Sammeln

Man kann zu jeder Jahreszeit Dinge sammeln. Blätter und Blumen im Frühling; Blumen, Blätter und Samen im Sommer; Samen und Früchte im Herbst; Zweige, Tannenzapfen und Nußschalen im Winter. Steine und Muscheln findet man das ganze Jahr über.

Blumen. Nimm, wenn möglich, Gartenblumen für deine Arbeiten. Pflücke wilde Blumen nur wenn es keine seltenen sind. Denke auch daran, daß es giftige Pflanzen gibt und versuche, sie dir zu merken.

Nimm zum Abschneiden eine Schere, sonst reißt du vielleicht die Wurzeln heraus oder verletzt die Pflanze. Pflücke sie am besten morgens, wenn der Tau verdunstet ist und es nicht regnet.

Blätter. Willst du Blätter mit

Werkzeug und Material

Färbemittel. Eier, Federn und Gräser können mit Batik-Kaltfarbe von Deka gefärbt werden. Diese ist meist in Pulverform erhältlich. Ziehe zum Färben immer Plastikhandschuhe und einen Arbeitskittel an. Lies die Gebrauchsanweisung durch und befolge sie genau.

Eier, die zum Essen bestimmt sind, solltest du mit Eierfarben vom Lebensmittelhändler oder aus dem Supermarkt färben.

Farben. Plakafarben kannst du für fast alle Arbeiten brauchen. Sie sind mit Wasser gemischt, und Spritzer auf der Kleidung können mit Wasser herausgerieben werden. Du mußt nicht gleich eine ganze Farbskala kaufen: fange mit den Grundfarben an – Rot, Blau, Gelb, Schwarz und Weiß – und experimentiere mit ihnen, indem du sie mischst.

Pinsel. Kaufe zwei oder drei Pinsel verschiedener Stärke. Nimm alte Dosen, Deckel oder Joghurtbecher, um die Farben zu mischen.

Zeichenpapier. Um Dinge wie getrocknete Samen, Muscheln und Blumen aufzukleben, eignet sich steifer Karton, wie etwa Bristolkarton, am besten. Für eine sehr große Collage, wie sie auf den Seiten 44 und 45 abgebildet ist, nimmst du am besten Zeichenkarton. Für kleine Bilder genügt Pappe von der Stärke eines Heftdeckels.

Übst du Schreiben, Drucken oder Kartenbasteln, nimm altes Papier, das du zu Hause findest. Kaufst du Papier, nimm Farbtonpapier oder Fotokarton. Beides gibt es in verschiedenen Farben.

Klebstoff. Leim ist der beste Alleskleber für deine Arbeiten. Mit Wasser verdünnt kannst du ihn auch als Lack benutzen. Kommt etwas auf deine Kleider, mußt du es auswaschen solange es noch feucht ist. Einmal trocken, geht der Leim nur noch mit Speziallöser heraus.

UHU ist haltbarer als Leim, aber teurer. Benutze es zum Kleben von kleinen Flächen, die schnell und gut trocknen sollen, wie bei

Glyzerin konservieren, solltest du sie im Frühjahr pflücken, wenn der Saft in den Bäumen hochsteigt. Sind die Blätter im Herbst bunt geworden, nehmen sie das Glyzerin nur noch sehr langsam auf. Zum Drucken eignen sie sich am besten, wenn sie Ende des Sommers von den Bäumen fallen, aber noch nicht trocken und brüchig sind. Suche möglichst unbeschädigte und keine harten, glänzenden Blätter.

Gräser. Sammle sie Ende des Jahres, wenn sie bereits am Trocknen sind. Brich nur so viele wie du wirklich brauchst ab, sonst nimmst du vielleicht kleinen Tieren ihren Futtervorrat weg.

Zweige und Äste. Vermeide es, Zweige vom Baum abzubrechen. Nimm die zu Boden gefallenen oder suche am Strand oder an Flußufern nach Treibholz.

Muscheln. Am besten findet man sie natürlich am Strand, es gibt an Flußufern aber auch Süßwassermuscheln. Sieh zuerst nach, ob Tierchen darinnen sind. Sollte dies der Fall sein, suche weiter, es gibt genug leere Muscheln.

Federn. Große Gänsekielfedern gibt es beim Geflügelhändler. Im Spätsommer findet man sie auch im Freien, weil sich die Vögel mausern.

Samen vom Lebensmittelhändler sind normalerweise schon getrocknet. Willst du Obstkerne oder Gemüsesamen nehmen, mußt du sie vorher mit einer harten Bürste gründlich in warmem Seifenwasser waschen. Verteile sie auf Löschpapier und bringe sie zum Trocknen an einen warmen Platz. Lege sie aber nicht in den Ofen, sie würden runzelig werden, oder in die Sonne, wo sie ausbleichen.

Eier. Nimm Hühnereier zum Ausblasen und Anmalen. Eier von wilden Vögeln eignen sich nicht und sollten auch nicht zerstört werden.

Die Lagerung

Blätter und Blumen legt man flach zwischen Löschpapier, Zweige, Samen und Muscheln in Dosen mit Deckeln.

Steintieren oder Zweigmobiles.

Schere. Für die meisten Schneidearbeiten reicht eine normale Haushaltsschere aus. Für Feinheiten solltest du aber eine scharfe, spitze Schere nehmen, zum Schneiden von Stoff eine Zick-Zack-Schere. Außerdem brauchst du ein Federmesser, um die Rinde von den Zweigen zu entfernen.

Bleistifte sind nach Minenhärte eingeteilt. Sieh dir den Buchstaben am oberen Ende des Stiftes an. H ist hart und B ist weich. Der nützlichste Typ ist HB, nur für feine Zeichnungen sollte man einen harten Stift nehmen.

Andere Hilfsmittel sind Radiergummi, Pinzette, Zahnstocher, Filzstifte, Tesafilm, eine alte Abwaschschüssel und ein Kasten für Materialreste.

Bücher. Das dtv-Lexikon

„Pflanzen und Tiere Europas" läßt sich, weil handlich, gut auf einen Spaziergang mitnehmen. Lasse dich für ausführlichere Nachschlagewerke von einem Buchhändler beraten.

Der Arbeitsablauf

Bevor du eine Arbeit anfängst, lies zuerst das ganze Einleitungskapitel durch damit du weißt, was du zu tun hast. Dann besorge dir die Sachen, die du brauchst.

Mach dir eine Arbeitsfläche frei und decke sie mit Zeitungspapier ab, falls dir Farben, Färbemittel oder Klebstoff umfallen. Zieh eine Schürze oder einen Kittel an. Lege ein altes Stück Stoff zum Fingerabwischen zurecht, falls du die Arbeit unterbrechen mußt. Kommt Farbe auf deine Kleider, wasche sie sofort mit warmem Wasser und Seife aus.

Bist du fertig, wische Farb- und Klebstofftropfen so schnell wie möglich weg. Rolle die Zeitung mit der schmutzigen Seite nach innen zusammen und wirf sie weg. Wasche Mischgefäße, Pinsel und Paletten aus.

Hebe alte Papierstücke und Karton, übriggebliebene Samen und Gräser für spätere Arbeiten auf.

Bemalte Kiesel

Steine findet man an allen möglichen Plätzen – im Garten oder im Park, auf dem Land oder an Flüssen. Die schönsten gibt es aber an der Küste, weil sie dort gewöhnlich vom Wasser glattgeschliffen worden sind.

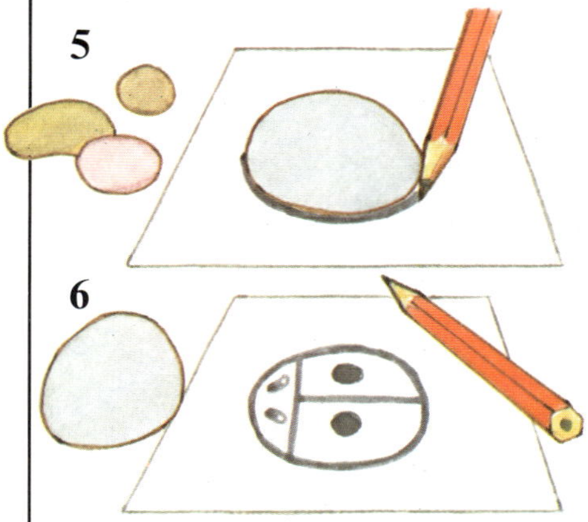

In der Zwischenzeit kannst du einige Muster entwerfen.
5. Lege einen Stein auf ein Blatt Papier und umfahre ihn mit einem Stift.
6. Male dein Muster in diesen Umriß.

7. Nun kannst du den Stein nach dieser Vorlage mit dem Pinsel oder Filzstift bemalen.
8. Hast du die Vorderseite fertig, dreh den Stein um, und nimm dir die Rückseite vor.
9. Willst du den Stein zuerst ganz mit einer Farbe bemalen, lege ihn auf die Öffnung einer leeren Flasche. Male die obere Fläche und die Seiten an. Ist die Farbe trocken, bemale den Rest.

Erster Versuch

Hast du schöngeformte Steine gefunden, kannst du sie bemalen.

● Du brauchst dazu:
Steine und Kiesel
Schüssel und Seifenwasser
Nagelbürste
alten, trockenen Stoff
Papier
Stift
Plakafarben und dünnen Pinsel
Filzstifte
Klarlack und Pinsel (nach Wahl)

1

2

1. Lege die Steine in eine Schüssel mit Seifenwasser und schrubbe sie mit der Nagelbürste. Entferne das Salz von den Steinen vom Meer, und Sand und Erde von den Steinen aus dem Garten.
2. Spüle sie unter fließendem Wasser ab.

3

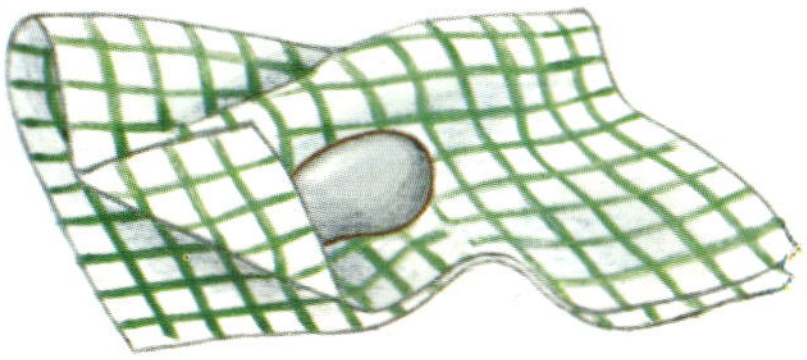

4

3. Reibe die Steine mit einem Tuch trocken.
4. Lege sie zum Austrocknen auf ein Fensterbrett. Steine sind porös und halten die Feuchtigkeit für lange Zeit. Selbst wenn die Oberfläche trocken aussieht, können sie innen noch feucht sein. Diese Feuchtigkeit könnte deine Malerei beschädigen, also warte ein oder zwei Tage, bevor du die Steine bemalst.

Marienkäfer-Spielsteine

Ovale Steine wie auf dem linken Bild, eignen sich prima für einen Satz Spielsteine. Versuche, sechs Steine von etwa gleicher Größe und Form zu finden.
Entweder malst du eigene Muster auf, oder du machst Marienkäfer aus ihnen, wie du sie hier siehst. Bemale jeden Stein mit einer anderen Farbe. Sind sie trocken, zeichne Tupfen, Augen und Flügeldecken darauf.

Lackiere die Steine und lasse sie trocknen. Dann überziehe sie mit einer zweiten Schicht Lack. Dadurch glänzt ihre Oberfläche, und dein Muster läßt sich nicht mehr abreiben.

Topf mit glänzenden Steinen

Sind Steine naß, sind ihre Farben kräftiger als im trockenen Zustand.
Hast du die Steine ihrer Farbe wegen gesammelt, hebe sie in einem gläsernen Gefäß mit Wasser auf. So geben sie einen hübschen Zimmerschmuck ab. Erweitere deine Sammlung, wenn immer du außergewöhnliche Steine findest.

Gefärbte Gräser und Blumen

Getrocknete Gräser sehen weich und natürlich aus. Wenn dir aber leuchtende Farben lieber sind, kannst du sie sehr leicht färben. Pflücke die Gräser am Ende des Jahres, wenn sie ohnehin anfangen auszutrocknen. Nimm am besten welche mit langen Stielen und federartigen Samenköpfchen.

3

4

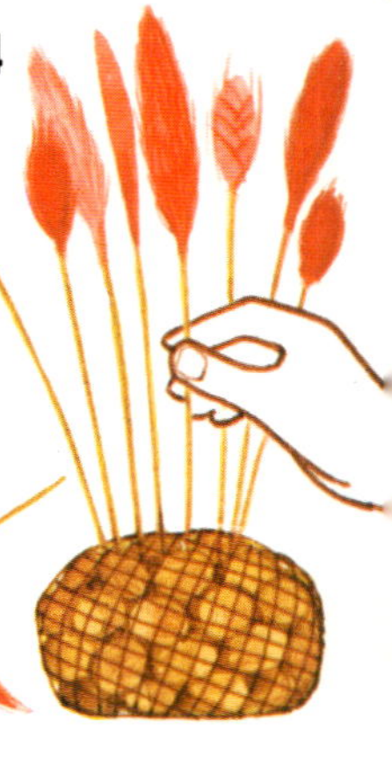

3. Fülle das Netz mit Haselnüssen oder Kieselsteinen und verknote die Öffnung.

4. Lege das Netz mit dem Knoten nach unten.
Stecke die Grashalme zwischen die Nüsse.
Gehe vorsichtig mit ihnen um, da getrocknete Grashalme sehr empfindlich sind.

Färben von Außen

Trockne das Gras, indem du die Stiele zusammenbindest und sie einige Tage mit dem Kopf nach unten an einem warmen, trockenen Platz aufhängst.

● Du brauchst dazu:
Getrocknete Gräser
Gummihandschuhe und Zeitungen
Batik-Kaltfarbe oder ein Spezialmittel wie z. B. „Kreuloflor“
warmes Wasser
Gefäß und Holzlöffel
Vase oder Krug, Fön
grobmaschiges Haar- oder Obstnetz
Haselnüsse oder Kieselsteine

Ziehe Gummihandschuhe an, damit deine Hände nicht verfärbt werden und decke deine Arbeitsfläche mit Zeitungspapier ab.

1

1. Rühre das Färbemittel in warmes Wasser und befolge dabei genau die Gebrauchsanweisung. Bereite jede Farbe extra zu. Tauche immer ein paar Gräser gleichzeitig in die Lösung. Lasse sie solange darin, bis sie eine intensive Färbung haben. Bedenke, daß sie beim Trocknen wieder heller werden.

2

2. Lege die Gräser auf Zeitungspapier, damit dieses die überflüssige Farbe aufsaugen kann. Dann kannst du sie in einer Vase oder einem Krug zum Trocknen in einen warmen Raum stellen. Trocknest du sie mit einem Fön, geht es schneller, und die Samenköpfchen plustern sich auf.

Färben von Innen

Man kann weiße Blumen wie Chrysanthemen und Nelken färben, indem man sie in ein Farbbad stellt.

● Du brauchst dazu:
Einige weiße Blumen
Batik-Kaltfarbe
Glyzerin und warmes Wasser
Gefäß und Holzlöffel
Teelöffel

1. Mische in dem Gefäß Färbemittel und zwei Teelöffel Glyzerin.
2. Gieße das warme Wasser dazu und halte dich dabei genau an die Gebrauchsanweisung auf dem Paket. Lasse die Lösung abkühlen.
3. Stelle dann die Blumen hinein.

1

2

3

Die Blumen werden die Lösung aufsaugen, und nach etwa einer Stunde haben sie ihre Farbe verändert. Je länger sie in der Farbe bleiben, desto dunkler werden sie. Ist die Färbung so wie du sie willst, kannst du die Blumen in ein anderes Gefäß tun.

Duftende Schalen, Kissen und Päckchen

Viele Gartenblumen und Kräuter riechen sehr gut. Du kannst daraus hübsche Duftkissen machen, wie sie oben auf dem Foto abgebildet sind. Getrocknete Blumen und Kräuter gibt es zu kaufen, es macht aber viel Spaß, sie selbst zu trocknen. Machst du es vorsichtig, bleibt ihr Duft lange Zeit erhalten. Denke daran, um Erlaubnis zu fragen, bevor du Blumen pflückst.

Rosenschale

● Du brauchst dazu:
2 oder 3 Rosen
hübsche Schale
Stück Nessel

Pflücke die Rosen frühmorgens, gerade wenn sie anfangen, sich zu öffnen.

1. Zupfe die Blütenblätter vorsichtig aus und lege sie auf ein Stück Nessel. Dieses legst du dann an einen trockenen, warmen und dunklen Platz. Drehe die Blätter einmal am Tag um, damit sie richtig trocknen können.

2. Nach ungefähr einer Woche werden sie trocken und schon ein bißchen hart sein, und man kann sie in die Schale geben. Der Duft bleibt viele Wochen erhalten.

Lavendelpäckchen

● Du brauchst dazu:
9 oder 11 lange Lavendelstiele
Wolle oder faserige Baumwolle
Schere
Stopfnadel

1. Binde die Blütenköpfe mit Wolle zusammen. Die beiden Enden des Wollfadens verknotest du fest direkt unterhalb der Köpfe.

1

2

Duftkissen

Um so ein rosageblümtes Kissen wie auf dem Foto zu machen, brauchst du folgende Materialien:

Duftende Blätter oder Kräuter – Rosen, Lavendel, Zitronenmelisse oder aber eine Mischung
2 Rechtecke aus dünnem Baumwollstoff, etwa 12 x 12 cm
Stecknadeln, Nadel und Faden
Zick-Zack-Schere

Trockne die Kräuter genauso wie die Rosenblätter.
1. Stecke die beiden Rechtecke, rechte Seite außen, zusammen und schneide die Ränder rundherum mit der Zick-Zack-Schere ab.
2. Nähe drei der vier Seiten zu.
3. Fülle die Kräuter ein.
4. Schließe die noch offene Seite.

1 2 3 4

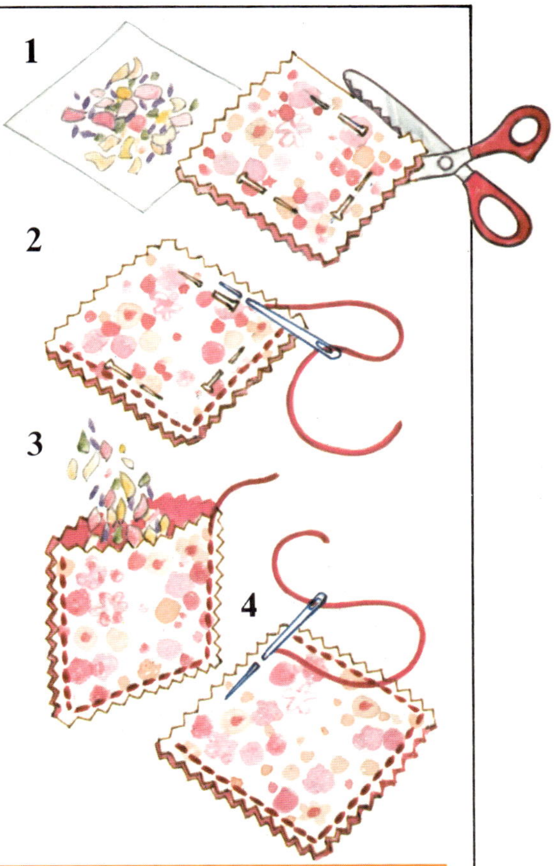

2

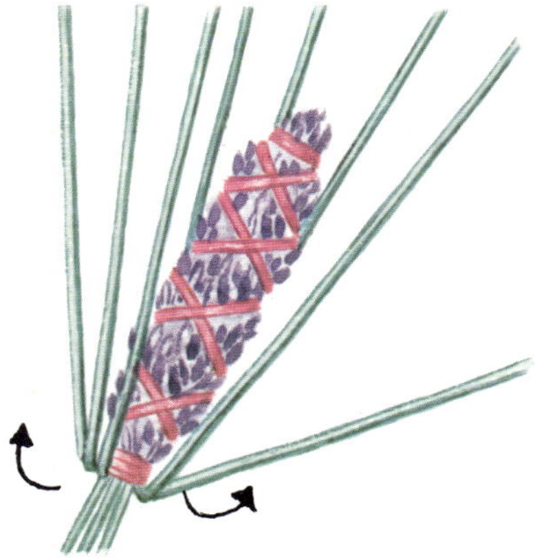

2. Biege alle Stengel nach oben, so daß sie die Blüten ganz umschließen.

3 4

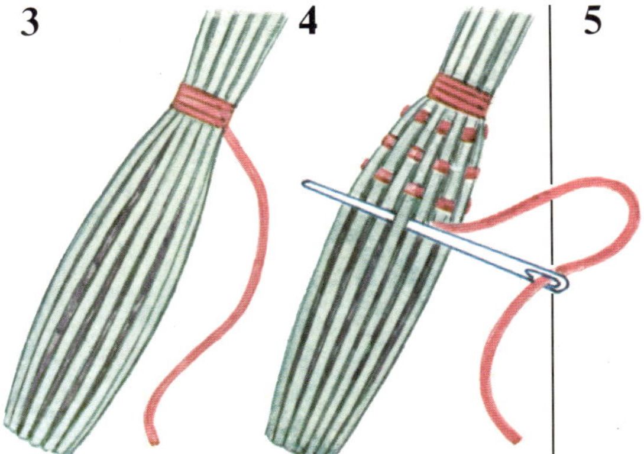

3. Binde das eine Ende eines langen Wollfadens oberhalb der Blüten fest um die Stiele.
4. Webe nun mit Hilfe der Stopfnadel den Faden ein, indem du ihn abwechselnd über und unter den Stielen durchziehst, bis du das untere Ende des Päckchens erreicht hast.

5

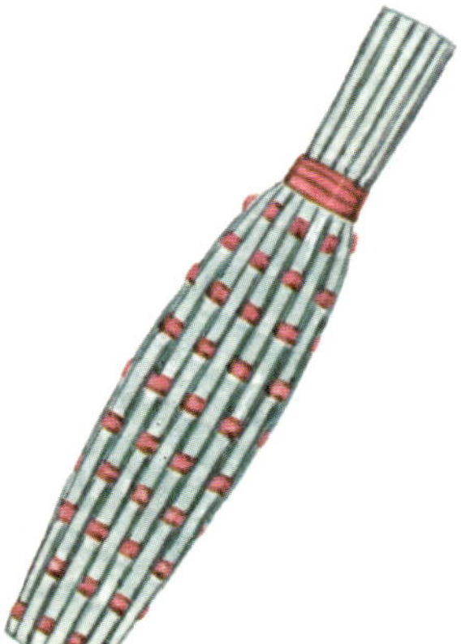

5. Mache einen Knoten in den Faden und verwahre ihn unsichtbar. Kürze die Stengel alle auf die gleiche Länge.

Duftkissen und Lavendelpäckchen sind hübsche Geschenke. Man kann sie unter das Kopfkissen oder zwischen die Wäsche legen, damit sie gut riecht.

Gepreßte Blumen

1

2

Pflücke einige Wald- und Wiesenblumen und versuche, sie zu pressen.
Je einfacher die Blumen oder Blätter sind, um so besser wird es gehen. Korbblütler wie Astern, Dahlien oder Disteln sehen eher zerdrückt statt gepreßt aus.
Hast du eine Sammlung gepreßter Blumen, kannst du sie in ein Album tun, oder aber Karten damit verzieren.

● Du brauchst dazu:
Verschiedene Blumen
Löschpapier
schwere Bücher oder eine Blumenpresse

1. Verteile die Blumen so auf dem Löschpapier, daß sie sich nicht berühren. Darüber kommt ein zweites Löschpapier.
2. Lege die Bücher darauf und lasse sie etwa vier Wochen dort.

Benutzt du eine Blumenpresse wie die oben abgebildete, öffne die Schrauben und nimm den hölzernen Deckel sowie eine Lage Karton und Löschpapier ab.
Lege die Blumen auf das andere Löschpapier und setze die abgehobenen Teile wieder darauf. Schraube die Presse fest zu.

1

Verzierte Karten

● Du brauchst dazu:
Gepreßte Blumen
10 x 15 cm großen Karton
Klebefolie
Schere

1. Schreibe deine Nachricht auf die Karte und verziere sie mit gepreßten Blumen.

2

3

Schneide ein Stück Klebefolie zurecht, das ein bißchen größer ist als die Karte.
2. Klebe dieses auf die Karte und schneide die Ecken heraus.
3. Falte die überstehenden Ränder um. Arbeite vorsichtig mit der Klebefolie, ein Knick würde wenig schön aussehen.
In der gleichen Weise kannst du ein Lesezeichen oder ein Bild machen.

Drucke und Bilder

Blätter sind mit das schönste Naturmaterial zum Drucken. Wenn man vorsichtig druckt, sind selbst die feinen Äderchen zu erkennen. Bei dem Blatt auf dem Foto wurde grüne Farbe und weißes Papier verwendet, man kann jedoch auch buntes Papier und jede beliebige Farbe nehmen.

● Du brauchst dazu:
Verschiedene Blätter
alte Zeitungen
Zeichenpapier
Plakafarben
Becher mit etwas Wasser
einen dicken und einen dünnen Pinsel
Blei- oder Buntstifte

Erster Versuch

1

2

Decke die Arbeitsfläche mit Zeitungspapier ab.
1. Mische in dem Becher etwas Plakafarbe mit sehr wenig Wasser, so daß die Farbe so „trocken“ wie möglich ist.
2. Fang mit dem Blatt an, das dir am wenigsten gefällt und trage mit einem dicken Pinsel die Farbe auf. Dabei kannst du entweder die glatte oder die geäderte Seite nehmen.

3

3. Nun drehst du das Blatt um und drückst es fest auf ein Stück Zeitung. Paß auf, daß es nicht verrutscht, sonst verschmiert die Farbe.

4

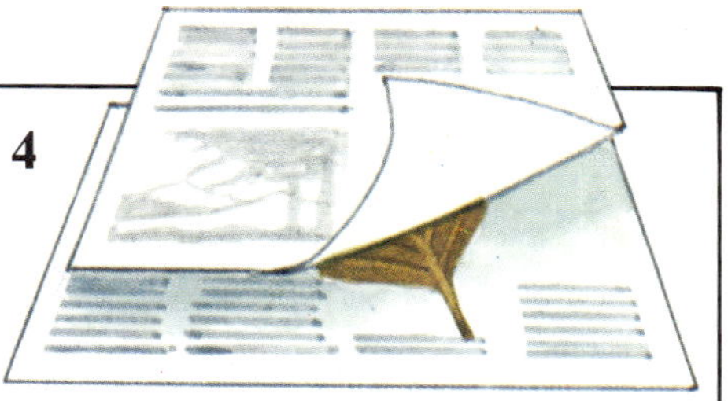

5

4. Lege eine zweite Zeitung über das Blatt.
5. Drücke noch einmal deine Handfläche fest auf das ganze Blatt und vergiß nicht: pressen, nicht reiben!
Dann kannst du die obere Zeitung und das Blatt vorsichtig entfernen und dir anschauen, was du gedruckt hast.

Drucke von Blättern

Wenn du dies mehrmals ausprobiert hast, versuche auf dem Karton genauso zu drucken, wie auf der Zeitung.

1

Blätterbilder

1. Aus kleinen Blättern kannst du ganze Bilder machen, wie zum Beispiel einen Baum.
Male zuerst vorsichtig mit einem Stift die Umrisse. Drucke dann ein Blatt nach dem anderen.
Möglicherweise kannst du mit einem Blatt mehrmals drucken, du solltest aber noch ein paar in Reserve haben, falls es reißt.

2

2. Mit einem feinen Pinsel und einer zweiten Farbe werden die Äste gezeichnet.
Man kann auch verschiedene Blätter für ein Bild nehmen.

Blätter, die nicht verwelken

Zweige mit Blättern lassen sich gut konservieren, wenn man sie in eine Mischung aus Wasser und Glyzerin stellt, wie es auf dem Foto links gezeigt wird. Das Glyzerin ersetzt das Wasser in den Blättern.
Buchenblätter, Klematisblätter und Maiglöckchen eignen sich dafür besonders gut.
Pflücke die Zweige im Frühling oder Anfang des Sommers. Herbstblätter saugen die Flüssigkeit schlecht auf.

Weihnachtlicher Tischschmuck

Hier siehst du hübschen Tischschmuck für besondere Gelegenheiten, wie Weihnachten. Verwende konservierte Blätter, getrocknete Blumen und Gräser, Zapfen und bunte Kugeln.

● Du brauchst dazu:
Konservierte Blätter
getrocknete Blumen, Gräser
immergrüne Blätter
(z. B. Stechpalmen)
Tannenzapfen
bunte Glaskugeln
Kerzen (nach Wahl)
länglichen Behälter
Maschendraht mit 5 cm großen Zwischenräumen oder Knetmasse
Zeitungspapier
Sprühlack
Strohhalme

1

Decke deine Arbeitsfläche mit Zeitungspapier ab.
Lege Tannenzapfen, immergrüne Zweige und andere Dinge, die du farbig machen willst, auf das Zeitungspapier.
1. Sprühe sie aus einem Abstand von etwa 10 cm an.

2

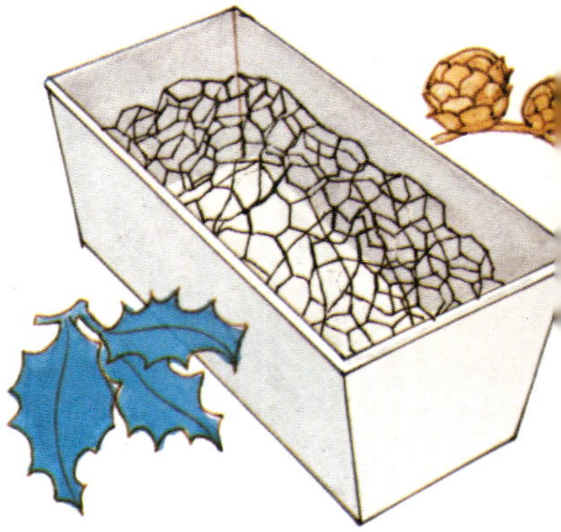

2. Drücke den Maschendraht zusammen, so daß er in das Gefäß paßt, oder drücke die Knetmasse am Boden fest. Verwendest du Kerzen, bringe diese zuerst an. Stecke sie in die Drahtlöcher oder in die Knetmasse.

1

● Du brauchst dazu:
Blätterzweige
schmalen Krug oder Vase
Glyzerin (aus der Apotheke)
Wasser und Löffel
Lineal und Zwirn

Stelle die Zweige ein paar Stunden in Wasser.
1. Mische in einem Krug zwei Teile heißes Wasser mit einem Teil Glyzerin.

2

3

2. Zerquetsche die Enden des Stengels mit dem Lineal, damit sie das Glyzerin besser aufsaugen können.
3. Ist die Mischung abgekühlt, stelle die Zweige hinein. Lasse sie dort, bis die Blätter biegsam geworden sind und ihre Farbe verändert haben. Dies kann drei Tage bis drei Wochen dauern.

4

4. Sind sie soweit, binde die Stiele zusammen und hänge sie drei Tage lang verkehrt herum auf, damit das Glyzerin bis in die Blattspitzen dringen kann.

3

3. Befestige einige Blätter mit kurzen Stielen und auch einen Teil der Tannenzapfen um die Kerzen herum.
Verteile die anderen Blätter, Gräser, getrockneten Blumen und Tannenzapfen so, daß sie das Gefäß verdecken.

4

4. Befestige Glaskugeln an Strohhalmen.

Wenn du magst, kannst du nun noch andere Dinge, wie einen Nikolaus oder einen Engel aus Stroh hinzufügen.

Spaß mit Muscheln

Wenn du am Strand bist, wirst du vielleicht Muscheln sammeln. Seltene und schöne Muscheln sollte man so lassen wie sie sind – aber aus den gewöhnlicheren kannst du alle möglichen Sachen machen.

● Du brauchst dazu:
Einige Muscheln
Topf mit Wasser
Pinzette
Zeitungspapier
Klarlack
festen Karton
Leim und Pinsel
Stift
dünne Nadel und Zwirn (für Halsketten)

Sammle nur leere Muscheln.
1. Koche Sie in einem Topf. Entferne mit der Pinzette die Teilchen, die noch innen sind.
2. Wasche die Muscheln in heißem Seifenwasser und lege sie zum Trocknen auf eine Zeitung.
3. Naß sind Muscheln farbiger als trocken. Um die „nasse“ Farbe zu erreichen, überziehe sie mit zwei Schichten Lack.

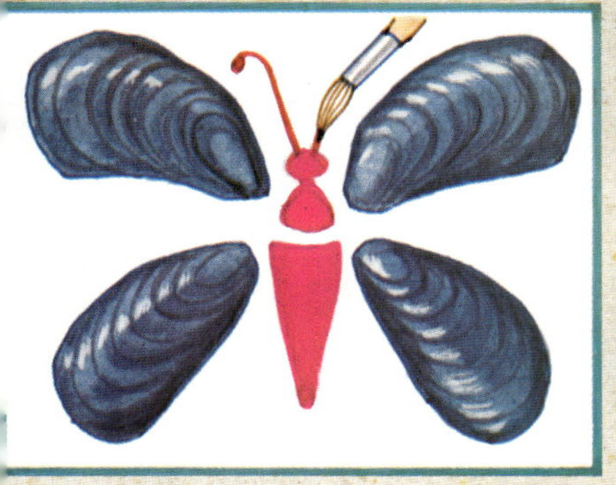

Muschelbilder

Man kann aus Muscheln Bilder machen, indem man sie auf Karton klebt. Sieh dir die Muscheln, die du gefunden hast, an und überlege, an was sie dich erinnern.
Vier Miesmuschelhälften könnten wie Schmetterlingsflügel aussehen. Klebe sie auf Karton und male Körper und Fühler mit Plakafarben.

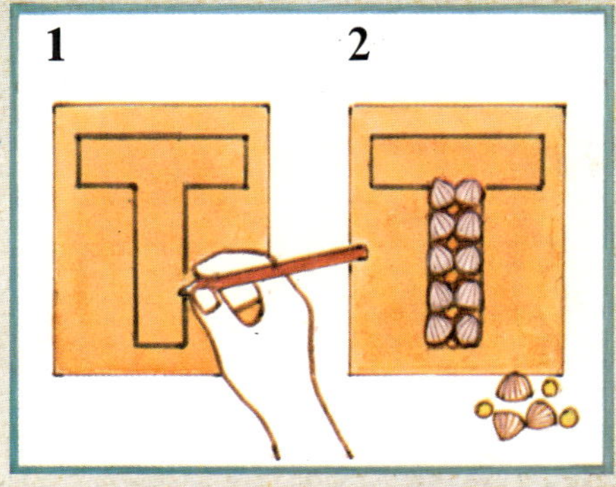

Initialen aus Muscheln

Vielleicht darfst du ein Schild mit deinen Initialen an deiner Zimmertür anbringen.
1. Schreibe deine Anfangsbuchstaben mit einem Stift dünn auf ein Stück Karton.
2. Bestreiche sie mit Klebstoff und klebe kleine Muscheln auf.

Muschelhalskette

Man kann Muscheln, die kleine Löcher haben, auffädeln und so eine Halskette oder ein Armband machen.
Nimm eine dünne Nadel. Stich sie aber nicht mit Gewalt durch die Löcher, die Muscheln splittern sehr leicht.

Glänzende Muscheln

Kleine Schachteln lassen sich sehr hübsch verzieren, wenn man Muscheln daraufklebt.
Man kann dazu lauter gleichartige Muscheln verwenden, oder aber mit verschiedenen Sorten Muster entwerfen.

● Du brauchst dazu:
Muscheln
Span- oder Streichholzschachtel
Blatt Papier
Leim und Pinsel
Pinzette
Stift
Klarlack und Pinsel

6

6. Ist der Klebstoff ganz trocken, lackierst du die Oberfläche. Das läßt die Muscheln glänzen und verbindet sie außerdem fester mit der Schachtel.

Überlege dir noch andere Dinge, die du auf diese Weise verzieren kannst – Glasflaschen, leere Joghurtbecher, alte Gefäße.

Ein Unterwassergarten

Lege mit großen, hübschen Muscheln einen Unterwassergarten an.

● Du brauchst dazu:
Großes Glasgefäß
einige große Muscheln
Sand
Blatt Papier
Süßwasserpflanzen (aus der Tierhandlung)

1. Schütte etwa 3 cm hoch Sand in das Gefäß. Wasche die Muscheln gründlich und fülle sie mit Sand. Lege sie mit den Innenseiten nach oben auf den Sand.
2. Schneide ein Stück Papier in der Größe deines Glases zurecht und lege es über die Muscheln. Es verhindert, daß der Sand aufgewirbelt wird, wenn du das Wasser einfüllst.

1

2

1. Stelle die Schachtel auf das Papier und umfahre sie mit dem Stift.
2. Lege mit den Muscheln in dem entstandenen Rechteck ein Muster.

3

4

3. Streiche etwas Leim auf die Mitte der Schachtel.
4. Setze eine Muschel auf diese Fläche.
Möglicherweise ist es einfacher, die Muscheln mit der Pinzette anzufassen.

5

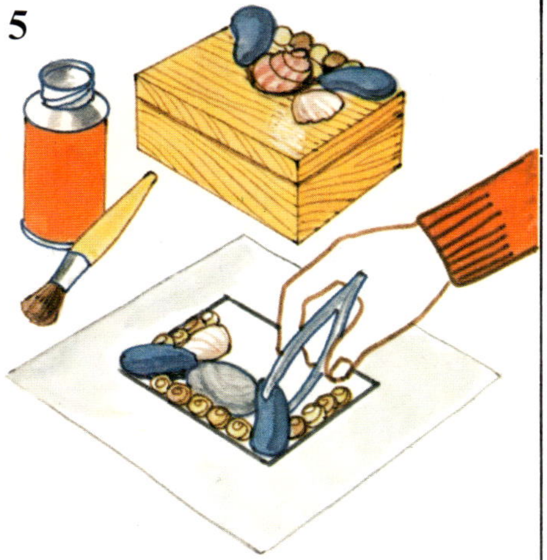

5. Klebe auch die anderen Muscheln nach deiner Vorlage auf die Schachtel und arbeite dabei von der Mitte aus zu den Seiten hin.

1

2

3

3. Nimm einen Krug mit Wasser und gieße dieses nun langsam über deine Hand ins Gefäß.
Ist es voll, kannst du das Papier wegnehmen.

4

4. Setze nun in jede Muschel eine Süßwasserpflanze, so daß die Wurzeln im Sand eingebettet sind.

Federn

Schreibfeder

Wie viele andere Tiere, mausern sich auch Vögel.
Du kannst die Federn überall da suchen, wo Vögel sind – im Garten, in Parks und in der freien Natur – reiße aber nie einem lebenden Vogel eine Feder aus!
Solltest du keine finden, frage einen Geflügelhändler, ob er welche für dich hat.
Wenn du in den Zoo gehst, findest du vielleicht einige bunte Federn. Natürlich kannst du auch normale Federn färben, wie es mit der Feder auf dem Foto links gemacht worden ist.

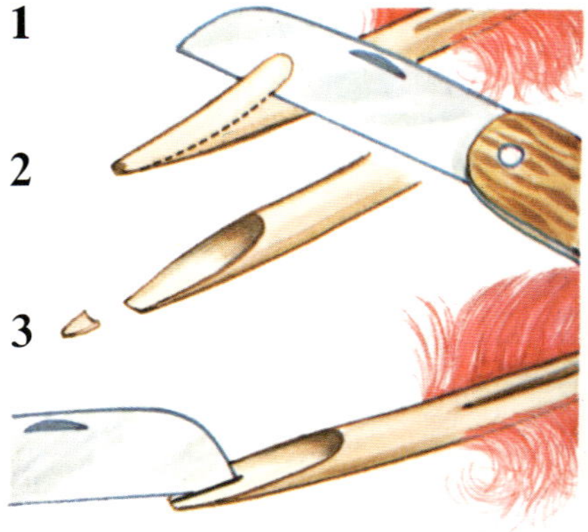

Lege die Feder mit der Außenseite nach unten auf das Brettchen.
1. Schneide sie schräg durch den Schaft bis zur Spitze ein.
2. Schneide die äußerste Spitze ab, um eine gerade Schreibkante zu bekommen.
3. Schneide nun den Schaft in der Mitte noch etwas ein, dann kann die Tinte besser fließen.

● Du brauchst dazu:
Feder
Batik-Kaltfarbe
Gummihandschuhe
Waschschüssel
Zeitungspapier

Je heller die Feder ist, desto besser wird sie die Farbe annehmen. Wasche sie zuerst gründlich in warmem Seifenwasser und spüle sie dann aus.

1. Ziehe die Gummihandschuhe an, und mach die Färbelösung nach der Gebrauchsanweisung auf der Packung zurecht. Bewege die Feder etwa zehn Minuten in der Farbe hin und her.

2. Spüle sie unter kaltem, fließendem Wasser ab.

3. Lege sie zum Trocknen auf eine Zeitung.

4. Ist die Feder trocken, streiche sie sanft durch deine Finger, das bringt sie wieder in Form.

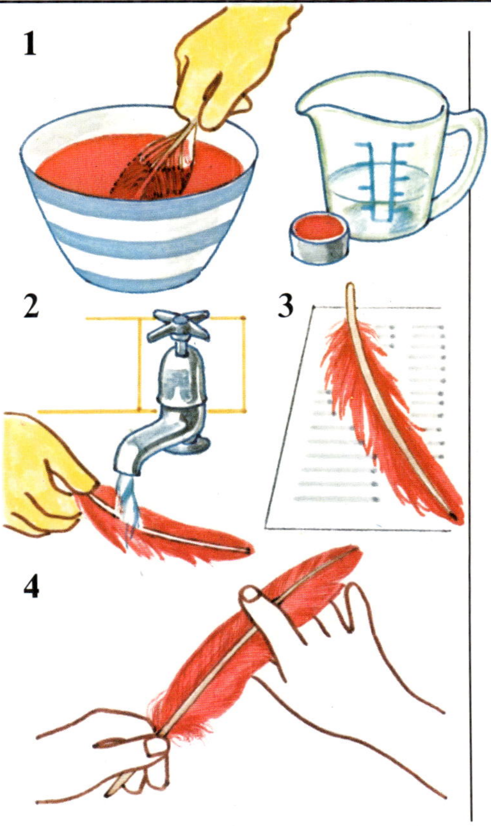

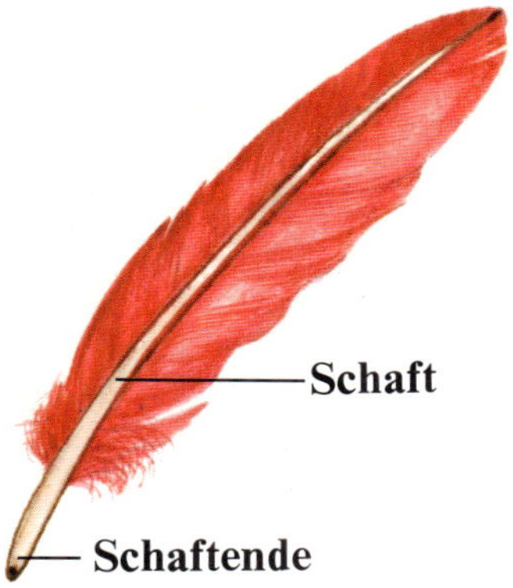

Anfertigung einer Schreibfeder

● Du brauchst dazu:
Feder, am besten von einer Gans
Federmesser
Brettchen
Tusche
Papier

Nimm eine unbeschädigte Feder, deren Schaft ganz und innen hohl sein muß.

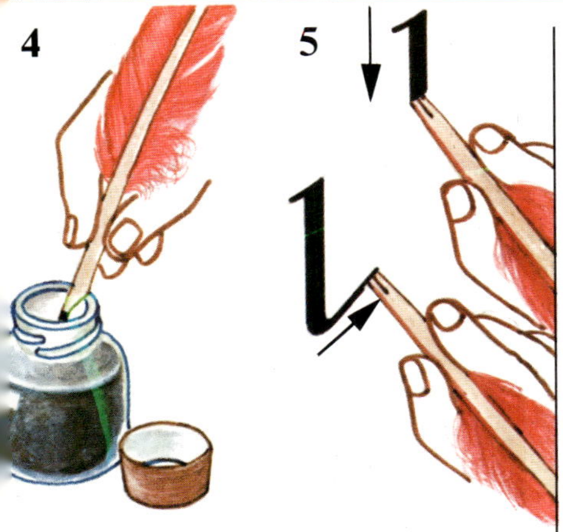

Du wirst es am Anfang schwierig finden, eine Schreibfeder zu benutzen.

4. Tauche die Spitze in Tinte und streiche dann die überflüssige Tinte am Glasrand ab.

5. Um einen Buchstaben zu beginnen, mußt du immer erst einen kurzen Strich seitwärts machen, damit die Tinte fließt. Dann kannst du den senkrechten Strich machen.

Hier ist ein Beispiel dafür, wie es aussehen kann, wenn man mit Gänsekielfedern schreibt. Übe, indem du die folgenden Buchstaben kopierst.

abcdefghijklm
nopqrstuvwxyz
1234567890

Indianer-Kopfschmuck

Du brauchst eine ganze Menge Federn, um einen solchen Kopfputz zu machen – und je ausgefallener sie sind, um so schöner wird er.

Sieh dir das Foto an. Die große Feder in der Mitte ist von einem Nashornvogel. Die anderen Federn stammen von den Flügeln von Truthähnen und Pfauen, und die leuchtend bunten sind Pfauenschwanzfedern.
Wenn du solche Federn nicht findest, macht das nichts. Sammle soviele Federn wie möglich, du kannst sie auch färben. Oder du stellst fest, daß sie, so wie sie sind, sehr hübsch aussehen. Selbst graue und braune Federn machen sich sehr gut, besonders wenn sie gesprenkelt sind.

5

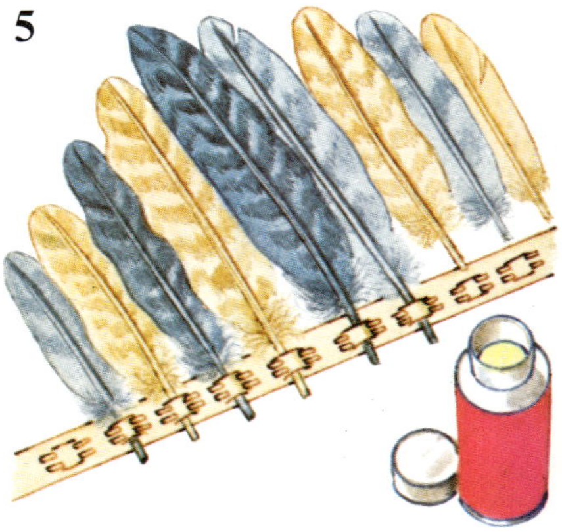

5. Tauche den Schaft jeder Feder in Leim, und stecke sie der Reihe nach in die Schlaufen des Bandes. Die Federinnenseiten schauen nach oben.
Du brauchst nicht in jede Schlaufe eine Feder zu stecken, sie müssen sich aber überlappen.
Wenn alle an ihrem Platz sitzen, warte, bis der Leim trocken ist.

1

2

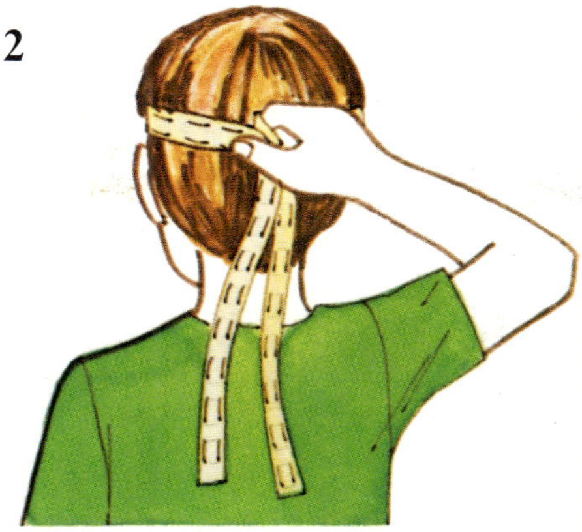

3

4

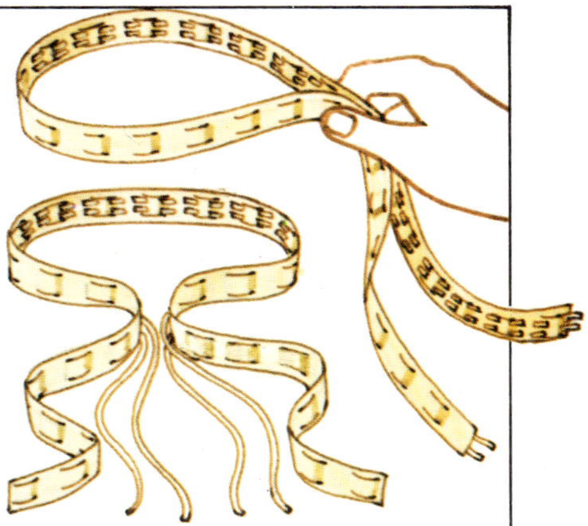

● Du brauchst dazu:
Viele Flügel- und Schwanzfedern
etwa 1 m Gardinenband
Leim
Nadel und Faden
Stoffarben und Pinsel
kleine Federn oder helles Tesaband

1. Ordne die Federn so, daß die größte in der Mitte, und die kleinsten an den Seiten sind.

2. Lege das Gardinenband um deinen Kopf, so daß es hinten wieder zusammentrifft. Halte diese Stelle fest.

3. Ziehe das Band vom Kopf, halte es aber nach wie vor zusammen.
4. Löse die Zugbänder an beiden Enden des Bandes bis zu dieser Stelle.
Mit diesen Bändern kannst du nachher den fertigen Schmuck um deinen Kopf binden.

6

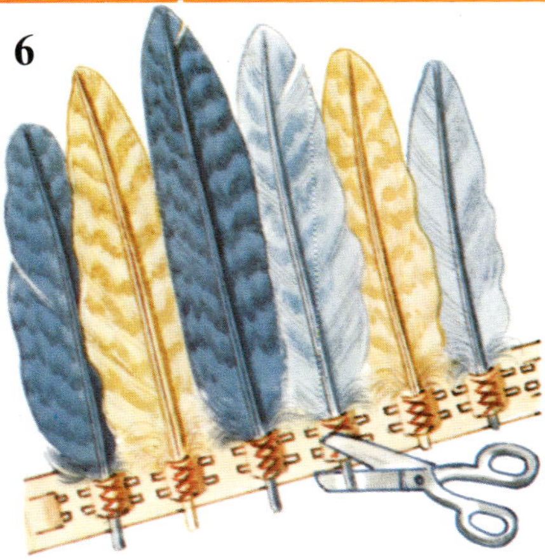

6. Nähe die Federn am Band fest. Am besten machst du um die Schäfte der Federn große Kreuzstiche.

7. Drehe den Kopfschmuck um und verziere das Band. Hast du kleine Federn, leime sie auf. Beginne an dem einen Ende des Bandes und klebe sie so nebeneinander, daß sie sich überlappen.
8. Du kannst auch buntes Tesaband zum Verzieren nehmen.
9. Oder du bemalst das Band mit Stoffarben. Große, einfache Muster sehen am besten aus.

Ist das Band verziert, kannst du den Kopfschmuck festbinden.

7

8

9

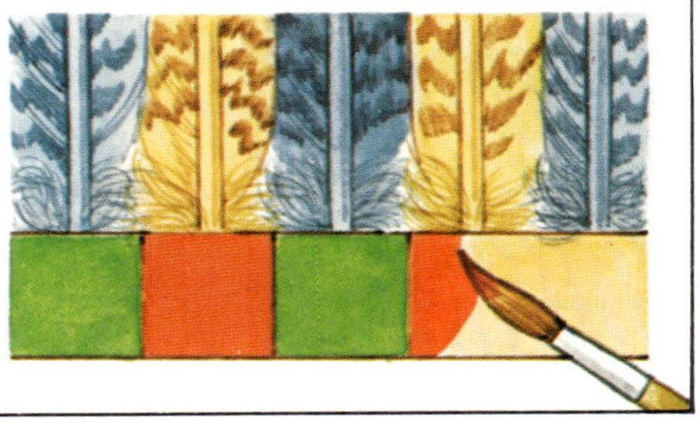

2

2. Lege sie auf die Seite und bedecke den Boden mit einer Lage kleiner Kiesel. (Die Kiesel müssen sauber sein.)

3

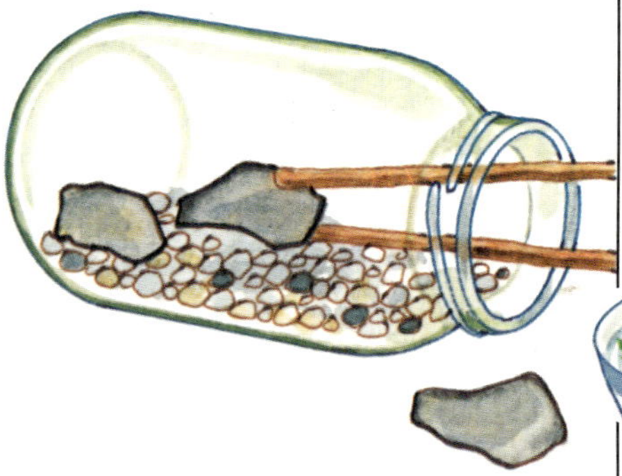

3. Baue mit einigen ausgefallenen Steinen eine künstliche Felsgrotte. Nimm möglichst große Steine, sie müssen aber noch durch die Flaschenöffnung gehen. Bringe sie mit Hilfe der Stöckchen in die richtige Lage.

4

4. Solltest du zwei Stücke bemooster Borke haben, tränke sie mit kaltem Wasser. Dann kannst du sie in der Flasche zurechtrücken.

Erster Versuch

Stein- und Borken-garten

Ein Flaschengarten ist eine kleine Welt für sich, die kaum mehr Arbeit macht, wenn sie erst einmal gepflanzt ist. Hast du eine runde Flasche verwendet, sammelt sich Feuchtigkeit im Glas und „regnet" auf die Pflanzen.
Am besten nimmt man für solche Gärten große Gläser mit weiten Öffnungen, aber auch ein umgestürztes Marmeladeglas kann man verwenden. Wähle klares, durchsichtiges Glas, denn Pflanzen brauchen Licht. Farbiges Glas darf nur ganz schwach getönt sein.

Nimm für deinen ersten Garten Steine und Borke. Die Borke auf dem Foto ist mit Moos und Efeu bewachsen.

● Du brauchst dazu:
Flasche mit weiter Öffnung
2 Stöckchen, lang genug, um damit den Boden der Flasche zu erreichen
saubere Kiesel, einige größere Steine und eine kleine Muschel
Borke mit Moos, Efeu oder Farnen bewachsen
Stückchen Schwamm
starken Bindfaden
Wassersprühflasche
Abwaschbürste

1

1. Säubere die Flasche gründlich mit Spülmittel und heißem Wasser. Reinige die Ecken mit einer Bürste.
Spüle die Flasche mehrmals in sauberem Wasser.

5

5. Versuche, Borke zu finden, die mit kleinem Efeu bewachsen ist. Wenn du Glück hast, wachsen diese kleinen Pflanzen unter den Gewächshausbedingungen der Flasche weiter. Vielleicht entdeckst du später Dinge auf der Borke, die du auf den ersten Blick gar nicht gesehen hast – winzige Pilze zum Beispiel.

6

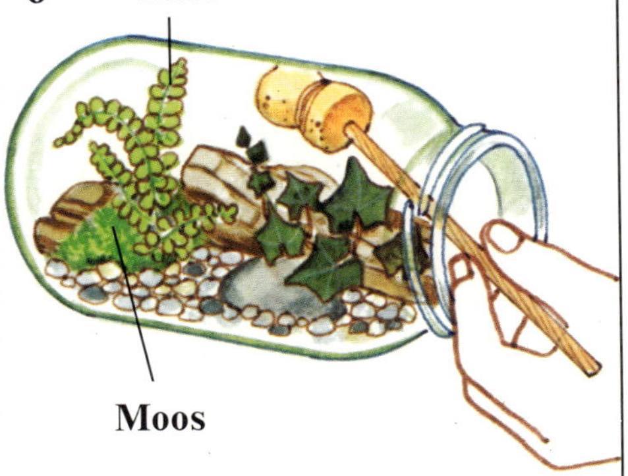

Falls Moos in deinem Flaschengarten wächst, solltest du Feuchtigkeit, die sich in Form von Wassertropfen im Glas bildet, dort belassen, weil sie die Pflanzen gesund erhält.
6. Wird das Glasinnere aber wolkig oder schmutzig, kannst du es mit einem Stückchen Schwamm, das du an einem Stöckchen festbindest, säubern.

7

Besteht dein Garten nur aus Steinen und Borke, braucht er überhaupt nicht bewässert zu werden. Sobald jedoch irgendetwas darin wächst, wird das notwendig.
7. Sieht der Garten trocken aus, gieße ihn mit einer Wassersprühflasche.

Pflanzen-gärtlein

Möchtest du dich mehr mit diesen Gärten beschäftigen, kannst du dich an einen schwierigeren mit wachsenden Pflanzen machen. Er muß ja nicht so groß sein wie auf dem Foto.

● Du brauchst dazu:
Die gleichen Dinge wie für den ersten Garten
Blumenerde – kaufe sterilisierte, damit nicht durch Krankheitserreger die Pflanzen eingehen
Papprolle, 2 Stöckchen, Gabel und Löffel
kleine Pflanzen – wie Efeu oder Farn
Teller
Untersetzer oder Korken zum Verschließen der Flasche

1

Wasche die Flasche und bedecke den Boden wie bei dem anderen Garten mit Kieselsteinen.

1. Löffele die Erde mit Hilfe der Papprolle in das Gefäß. Die Rolle verhindert, daß die Wände schmutzig werden.

2

2. Da es nicht einfach ist, so einen Garten anzulegen, versuche es zuerst auf dem Teller.
Verwendest du Steine und Holzstückchen, beziehe sie in deine Planung mit ein.
Nimm nicht zu viele Pflanzen.
Sie brauchen Platz zum Wachsen.

3

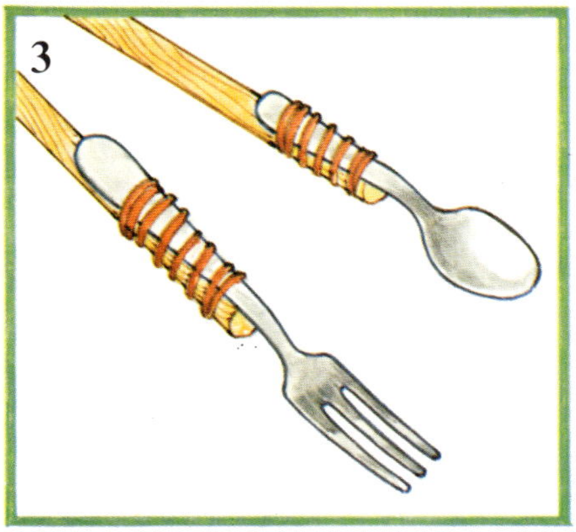

3. Schüttest du mit der Blumenerde ein Hügelchen auf, kannst du die Gewächse in verschiedene Höhen pflanzen. Dazu brauchst du Harke und Spaten.
Mache diese Werkzeuge, indem du eine Gabel und einen Teelöffel an zwei Stöckchen bindest.

4

4. Bist du mit deinem Entwurf zufrieden, beginne in der Flasche. Verwendest du Steine und Borke, so lege sie zuerst hinein.
Sind die Pflanzen in Torftöpfchen, kannst du sie darin lassen. Sind sie in Plastiktöpfchen, schlage diese vorsichtig auf den Tisch und nimm die Pflanzen heraus.

5. Fange mit der Bepflanzung der Seiten an. Schaufele ein kleines Loch, dort wo die erste Pflanze gesetzt werden soll.
6. Führe sie mit den Stöckchen durch die Flaschenöffnung ein.
7. Schiebe sie mit Löffel und Gabel oder den Stöckchen in das Loch. Fülle rund um die Wurzeln ein wenig Erde auf. Es macht nichts, wenn es auf Anhieb noch nicht ganz klappt.

Pflanze die anderen Gewächse genauso ein. Gehe mit den Pflanzen behutsam um. Sitzen sie nicht ganz an der richtigen Stelle, laß sie, wo sie sind, bevor du sie verletzt.
Ist der Garten fertig, gieße ihn gründlich. Verschließe die Öffnung mit einem Untersetzer oder Korken. Gib den Pflanzen immer wenn sie trocken sind, neues Wasser.

5

6

7

Zweig-Mobiles

Du kannst sehr effektvolle Mobiles aus Tannenzapfen und Zweigen machen, wie auf dem Foto links.
Hast du keine Tannenzapfen, kannst du auch ausgeblasene Eier, Muscheln mit Löchern oder Strohblumenköpfe verwenden.
Ein Mobile muß leicht sein, damit es sich beim leisesten Luftzug bewegt. Nimm leichte Zweige mit zwei oder drei Ästchen, diese sehen interessanter aus.
Trockene Zweige eignen sich nicht, da sie brechen. Suche kräftige, die sich leicht biegen lassen.

Zweigmobile

● Du brauchst dazu:
Kräftige Zweige mit einigen Ästchen
Tannenzapfen oder andere leichte Dinge
Zwirn und klaren Klebstoff
Tesafilm

Befestige einen langen Faden an einem Zweig. Egal wo, du kannst es später verändern.
1. Klebe das andere Ende mit Tesafilm am Tisch fest, damit der Zweig frei in der Luft hängt.

Schneide einige Stücke Zwirn zurecht. Befestige jedes an einem Tannenzapfen und verklebe die Knoten.
2. Binde einen Tannenzapfen möglichst locker an ein Ende des Zweiges. Der Zapfen zieht diesen nach einer Seite herunter.

Erster Versuch

Zum Üben kannst du ein Mobile aus einem Drahtkleiderbügel machen.

● Du brauchst dazu:
Drahtkleiderbügel
4 oder 5 Grasköpfchen, ausgeblasene Eier, Muscheln oder Strohblumenköpfe
Zwirn
Klebstoff

Hänge den Bügel an einen Haken oder Türgriff während du das Mobile machst.

1. Binde das eine Ende eines langen Fadens fest um jedes Teil.
2. Gib einen Tropfen Klebstoff auf jeden Knoten, damit er besser hält.

1

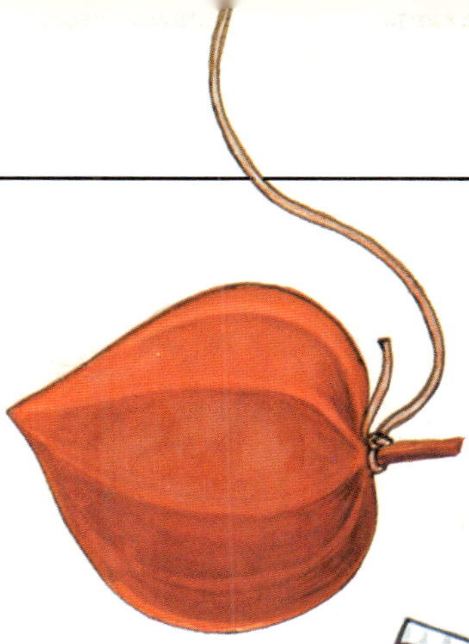

2

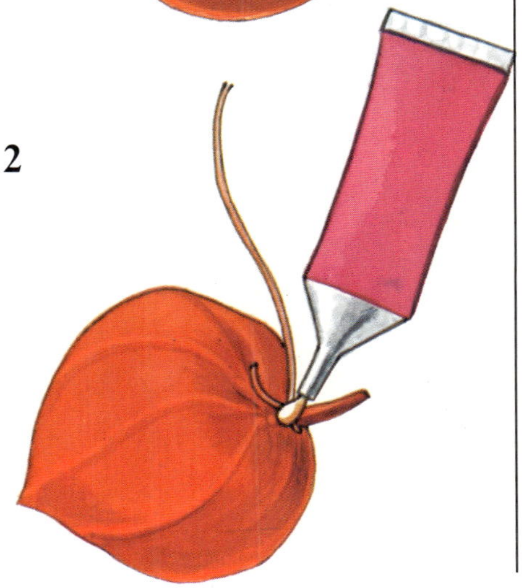

3

3. Nun befestige die anderen Enden der Zwirnsfäden an dem Bügel. Versuche, die Sachen in verschiedenen Höhen aufzuhängen, so daß der Bügel gerade hängt und sich nicht zu der einen oder anderen Seite neigt.
Verknote die Fäden erst dann richtig, wenn das Mobile ganz gerade hängt. Dann kannst du auch die Fadenenden abschneiden.

1

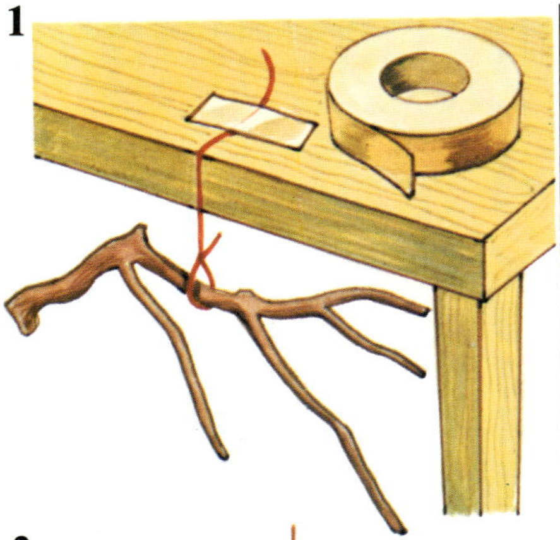

2

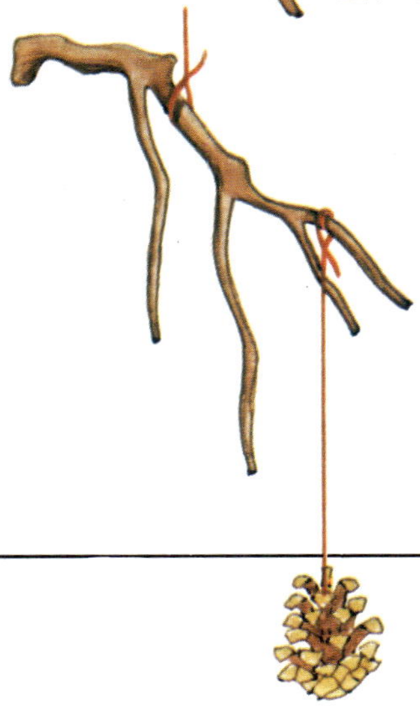

3

3. Binde am anderen Ende einen zweiten fest und einen dritten fast in der Mitte. Wenn du willst, noch einen weiteren. Die Tannenzapfen müssen aber in verschiedenen Höhen hängen.
Nun ziehe vorsichtig an den oberen Fadenenden, bis das Mobile ganz gerade hängt.
Du kannst auch den Zwirn, an dem der Zweig hängt, verschieben.

4

4. Wenn du mit deiner Arbeit zufrieden bist, befestige die Knoten richtig und gib auf jeden einen Tropfen Klebstoff. Hänge das Mobile in einen Türrahmen oder an einen Lampenschirm.
Willst du dein Mobile vergrößern, binde es an einen größeren Zweig, den du wiederum an einem Faden mit Tesafilm am Tisch festklebst. Balanciere es durch Befestigen weiterer Tannenzapfen aus.

Tiere aus Ästen

Suche Treibholzstücke, Zweige oder kleine Äste, die vom Baum gefallen sind. Du wirst oft feststellen, daß ihre natürliche Form an ein Tier, z. B. einen Vogel, erinnert. Veränderst du sie noch ein bißchen, kannst du tolle Sachen machen.
Denke dir etwas Einfaches aus. Je leichter sich die Idee ausführen läßt, desto besser sieht die Arbeit am Ende aus.

Die Kunst ist es, ein Stück Holz zu finden, das bereits einem Tier ähnelt. In diesem Fall hat nämlich die Natur bereits die meiste Arbeit für dich getan.
Sieh dir den Dackel und den eigentümlichen Vogel auf dem Foto an. Erkennst du, wie die Zweige ursprünglich ausgesehen haben müssen?

1

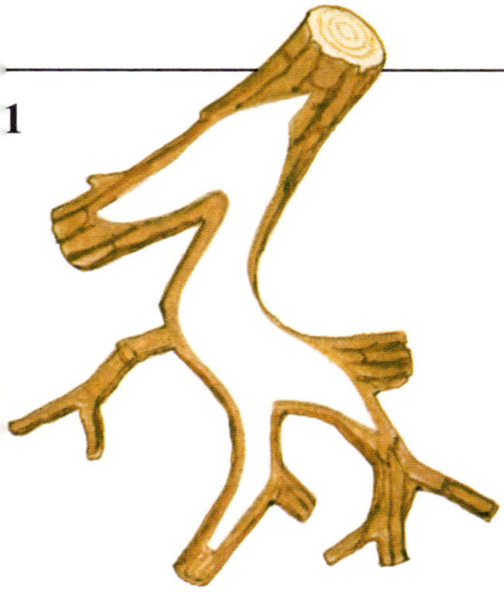

● Du brauchst dazu:
Kreide und einen Stift
ein Stück Holz und eine Säge
Federmesser
Feile
Sandpapier
Lack und Pinsel
Knetmasse

1. Sieh dir das Holz an, und stelle dir in seiner Form eine Figur vor.

2

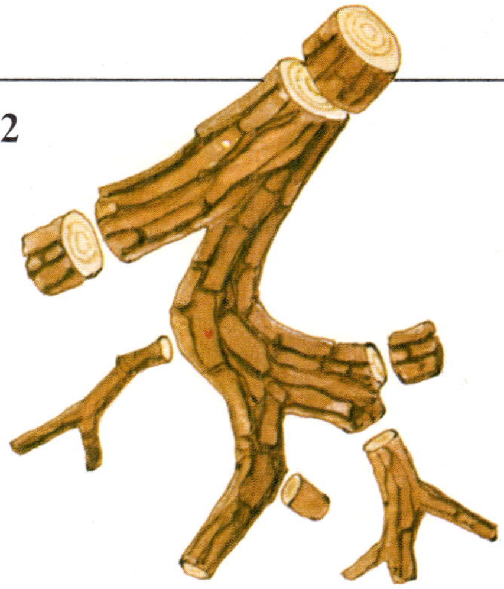

Kannst du dir denken, wie man aus dem Zweig oben einen Storch macht?

2. Zeichne mit der Kreide die Aststücke an, die überflüssig sind. Säge die Teile an den markierten Stellen ab. Du kannst auch jemanden bitten, daß er diese Arbeit für dich erledigt.

3

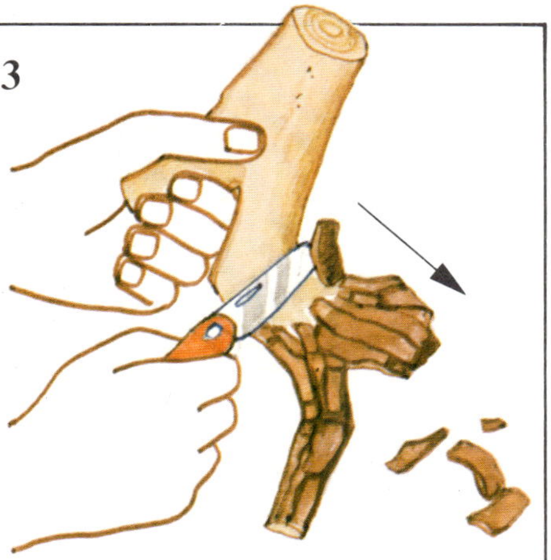

3. Entferne die Rinde mit dem Federmesser. Arbeite immer von dir weg, niemals zu dir hin. Gehen ein paar Rindenstückchen nicht ab, macht es nichts. Eine fleckige Oberfläche kann sehr hübsch aussehen.

4

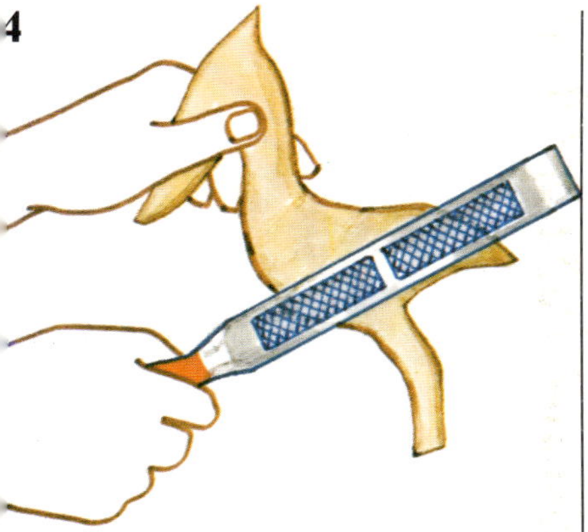

4. Wenn du willst, kannst du Feinheiten mit der Feile bearbeiten. Lasse die Formen aber einfach. Um den Storch zu machen, brauchst du eigentlich nur Schnabel und Schwanz spitz zu feilen.

5

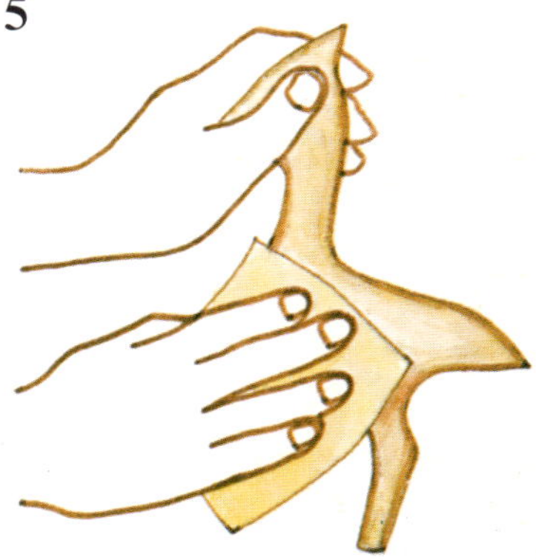

5. Schleife die Arbeit mit Sandpapier ab.
Zeichne mit dem Stift die Augen ein.

6

6. Forme etwas Knetmasse zu einem Block und drücke die Figur so hinein, daß sie aufrecht steht. Lackiere sie mit farblosem Lack.

Aus der Küche

Duftende Kugeln

Wenn in früheren Zeiten die Pest umging, trugen reiche Leute solche Kugeln bei sich, weil sie glaubten, ihr Duft würde sie schützen.
Die Duftkugeln verhindern zwar keine Krankheiten, aber sie vertreiben Motten und sind hübsche Geschenke. Man legt sie gerne zwischen Bettwäsche oder Kleidung.
Die Orange verfault nicht, aber mit zunehmendem Alter trocknet sie aus und wird kleiner und härter. Sehr alte sind oft nicht größer als eine Walnuß.

5

5. Streue Zimt auf das Seidenpapier, falls du Veilchenwurzelpulver hast, dieses darüber. Mische beides. Veilchenwurzelpulver ist ein Fixiermittel, das heißt, daß es den Duft der Orange und des Zimtes bindet und erhält.

6

7

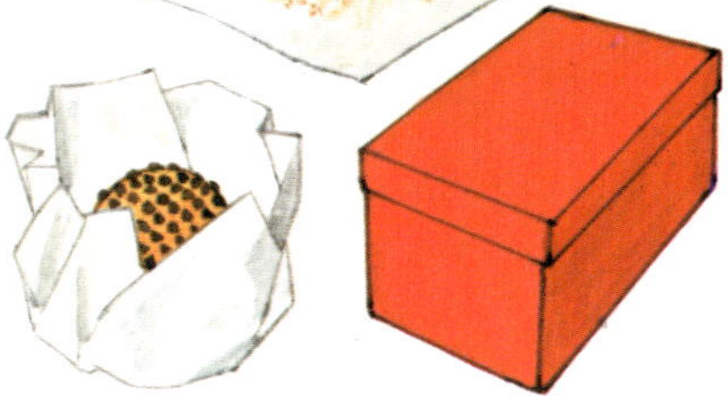

6. Wälze die Kugel so lange in dem Gemisch, bis sie dieses fast ganz aufgenommen hat.
7. Wickle sie in das Seidenpapier ein und lege sie in eine luftdichte Dose. Nach drei Wochen ist die Orange getrocknet und die Duftkugel fertig. Öffne die Dose zwischendurch nicht, denn dann könnte die Orange schlecht werden.

1

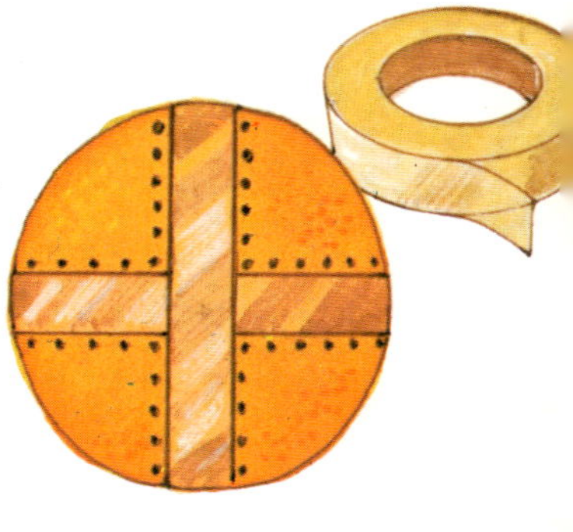

Geschmückte Duftkugeln

Zusätzlich zu den Materialien der ersten Duftkugel braucht man ein schmales Samtband, Tesaband in derselben Breite, bunte Glassteine und Leim.
1. Klebe das Tesaband wie gezeigt in zwei Richtungen um die Mitte der Orange.
Stich entlang des Bandes Löcher und stecke Nelken hinein.

Erster Versuch

● Du brauchst dazu:
Eine große, frische Orange
Gewürznelken
2 Teelöffel Zimt
Cocktailspieß
Seidenpapier
luftdichte Dose
2 Teelöffel Veilchenwurzelpulver aus der Apotheke. (Man braucht es nicht unbedingt, aber es hilft, den Duft länger zu erhalten.)

1

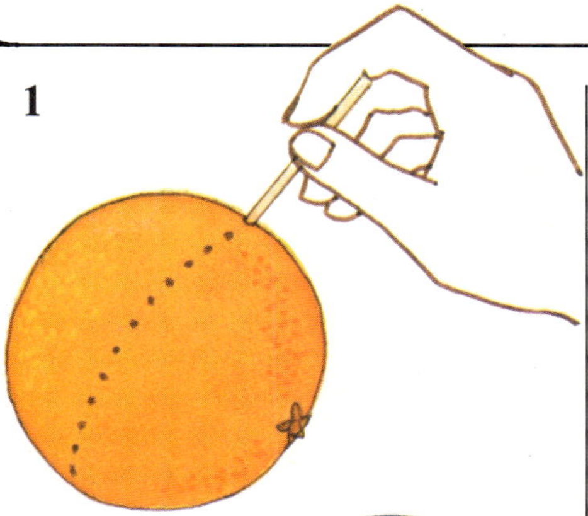

2

1. Stich mit dem Cocktailspieß in der Mitte der Orange einen Ring von Löchern.
2. Stecke in jedes Loch eine Nelke.
Drücke die Nelken so fest hinein, daß nur noch die Köpfe herausragen.
Sie sollten so dicht beieinanderstecken, daß sie sich fast berühren.

3 4

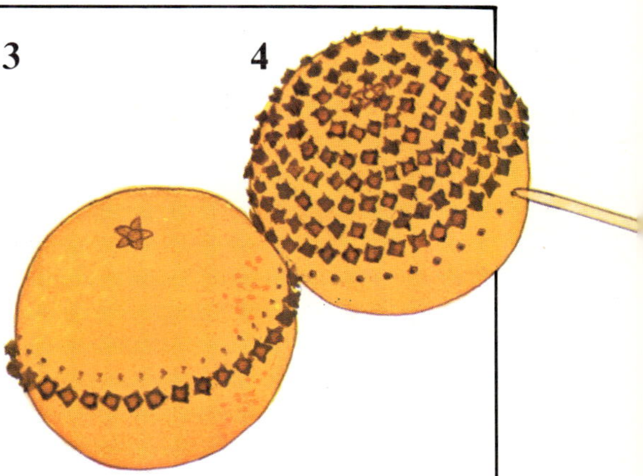

3. Mache einen zweiten Löcherring über den ersten. Stich die Löcher über den Zwischenräumen der vorhergehenden Reihe.
Stecke in jedes Loch eine Nelke.
Fahre in dieser Arbeitsweise fort, bis die obere Hälfte der Orange bedeckt ist.
4. Bearbeite die untere Hälfte genauso.

2

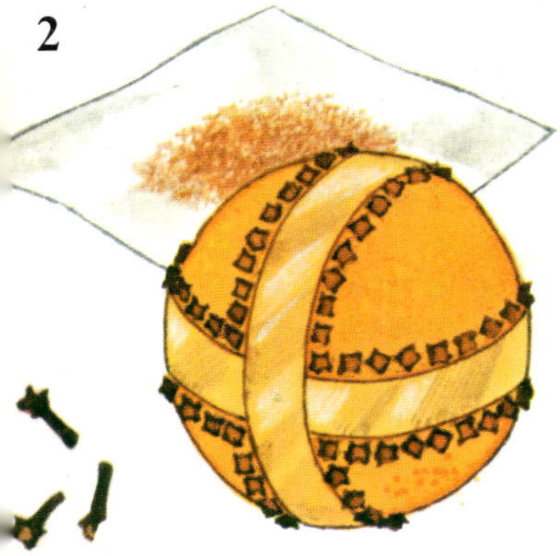

2. Spicke die ganze Orange, mit Ausnahme der beklebten Stellen, mit Nelken.
Wälze die Orange in Zimt und Veilchenwurzelpulver.
Lasse sie drei Wochen trocknen.
Dann entfernst du das Tesaband.

3

3. Binde das Samtband dort um die Orange, wo vorher das Tesaband war.

4

4. Mache eine Schleife, und wenn du bunte Glassteine hast, klebe sie auf das Band, damit es glitzert.

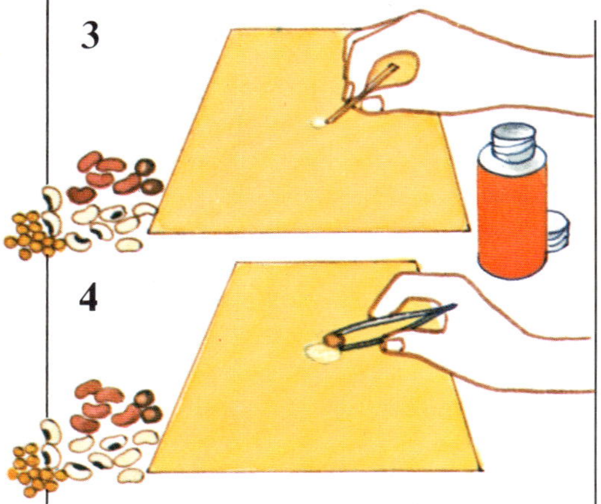

3

4

5

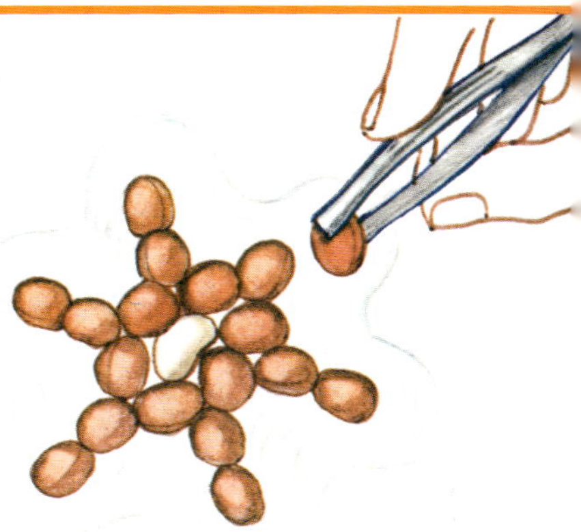

1

Blumen und Blätter

Mit deinem lose aufgelegten Muster als Vorlage klebst du nun die Körner, die du auf die Seite gelegt hattest, auf den Karton.
3. Da der Leim sehr schnell trocknet, streiche den Karton Stück für Stück ein.
4. Setze die Samen auf die klebende Fläche und drücke sie fest. Streiche das nächste Stück ein und fahre so fort.

5. Ist dein Samenbild trocken, ziehe eine Schicht Lack darüber. Bepinsele sowohl die Körner wie auch den Karton.
Der Lack verbindet beides fester miteinander. Außerdem bekommen die Samen einen strahlenden Glanz.

Hast du einfache Muster geübt, versuche Blüten und Blätter wie oben auf dem Foto zu legen.
Es macht nichts, wenn du nicht die gleichen Samen nimmst, wie die gezeigten.
1. Beginne mit der sternförmigen Blüte. Klebe eine weiße Bohne in die Mitte und dann erst die braunen rundherum.

Bilder aus Samen

Das Foto links zeigt verschiedene Erbsen und Bohnenarten, die du möglicherweise im Küchenschrank findest.
Da sind weiße Bohnen, Wachsbohnen, Feuerbohnen, Reis und Graupen, Kichererbsen, gelbe und grüne Bohnen, Mais, Kaffeebohnen und braune Linsen.
Frage, ob du von jeder Sorte ein paar bekommen kannst, um Muster oder Bilder damit zu machen.

1

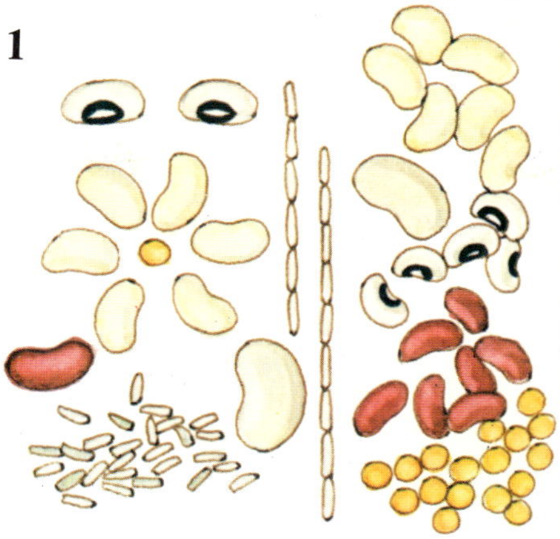

● Du brauchst dazu:
Einige Bohnen, Erbsen und Getreidekörner
Papier und Leim
Zahnstocher und Pinzette
Klarlack und Pinsel
Stift
Stück steifen Karton

1. Breite die Samen aus. Was für Formen haben sie? Sehen sie wie Augen oder Ohren aus?

2

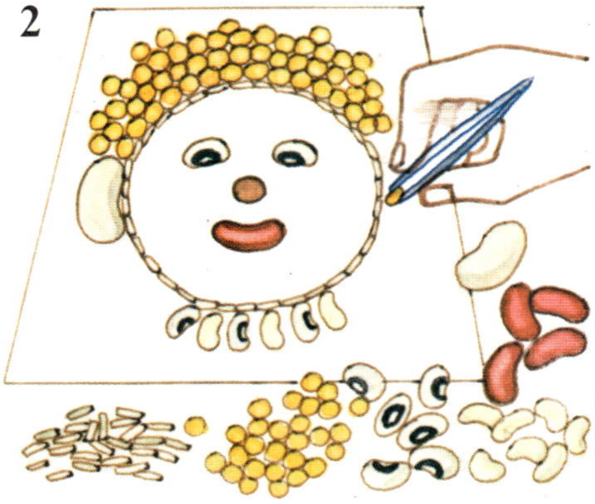

Lege die Hälfte der Samen beiseite.
2. Mit der anderen Hälfte versuchst du, auf einem Blatt Papier ein Muster zu legen. Nimm für die kleineren Körner den Zahnstocher oder die Pinzette zu Hilfe. Am besten fängt man mit einem einfachen Muster an.

2

2. Klebe drei weitere Reihen aus Samen von verschiedener Farbe um die Sternform. Diese müssen so dicht aneinander liegen, daß sie sich berühren.

3

3. Arbeite nun die Blätter. Markiere ihre Formen mit großen, grünen Körnern, etwa getrockneten Erbsen.

4

4. Deute mit Reis- oder Graupenlinien die Blattadern an.
Fülle die Zwischenräume mit kleinen, grünen Samen aus, zum Beispiel grüne Linsen.

Bunte Eier

Es gibt verschiedene Möglichkeiten, Eier zu färben. Man kann sie mit Filzstiften bemalen, wie das „Patchwork-Ei“ oben auf dem Foto. Oder du bemalst sie mit Wachskreiden und färbst sie anschließend, wie es mit den anderen Eiern auf dem Foto gemacht wurde.

Weiße Eier eignen sich am besten, weil die Farben besser herauskommen. Braune Eier sind aber fast genauso hübsch.
Da Eier sehr poröse Schalen haben, kann die Farbe durch die dünne Schale sickern und auf das Eiweiß kommen. Bemalst du also hartgekochte Eier, nimm Eierfarben, sie sind ungiftig. Du bekommst sie beim Lebensmittelhändler in verschiedenen Farben. Willst du ein bemaltes Ei essen, bewahre es nicht länger als drei Tage auf.

Hier sind jetzt die Materialien für verschiedene Färbetechniken aufgezählt. Du brauchst natürlich immer nur die Sachen für die Methode, die du gerade ausprobieren willst.

● Du brauchst dazu:
Zwiebelhäute
Stoffetzen
Zwirn
Eierbecher
Pinsel
Eierfarben
Plakafarben
Filzstifte
Wachskreiden
Batik-Kaltfarbe

1

Farben und Filzstifte

Willst du die Eier nicht essen sondern aufheben, müssen sie mindestens eine halbe Stunde gekocht werden. Dann halten sie sich längere Zeit und sind recht widerstandsfähig.
1. Versuche, sie mit Plakafarben zu bemalen.

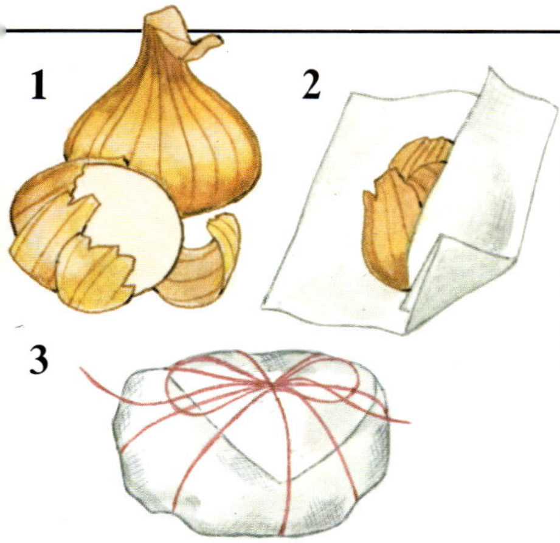

Marmorierte Eier

1. Wickle vorsichtig einige rohe Zwiebelhäute um ein Ei.
2. Ist das Ei ganz eingehüllt, packe es in ein Stück Stoff.
3. Verschnüre das Päckchen fest mit Zwirn.

4. Koche das eingepackte Ei hart und laß es dann abkühlen.
5. Packe das Ei aus und entferne die Zwiebelschalen. Ein hübsches, marmoriertes Muster erscheint.

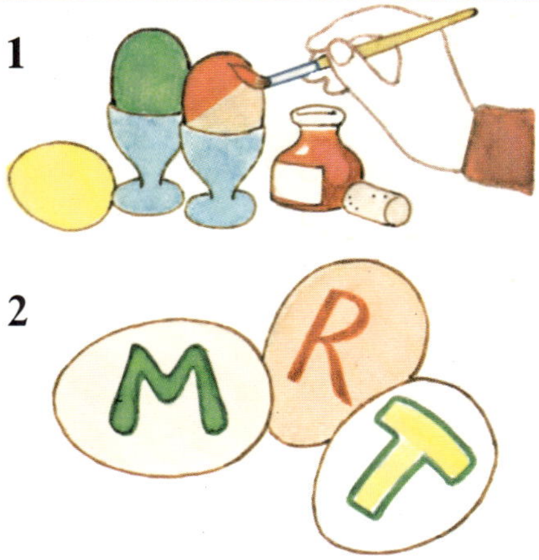

Gefärbte Eier

Nimmst du hartgekochte Eier mit zum Picknick, kannst du für jeden deiner Freunde Eier in verschiedenen Farben einfärben. Das Ei muß trocken sein. Stelle es in einen Eierbecher.
1. Bemale mit Eierfarben jedes Ei in einer anderen Farbe.
2. Oder male die Anfangsbuchstaben deiner Freunde auf.

2. Du kannst die Farben auch übereinander malen, die erste Farbe muß aber trocken sein, bevor du die zweite aufträgst.
3. Wenn du die Eier mit Filzstiften bemalst, drücke nicht so fest auf, sonst zerbrichst du die Schale.

Wachskreiden

Um Eier wie auf dem Foto zu machen, brauchst du Wachskreiden und Batik-Kaltfarbe. Mische das Färbemittel nach der Gebrauchsanweisung auf dem Paket. Die Farbe der Wachskreide muß sich von der des Färbemittels deutlich unterscheiden.
1. Male mit der Wachskreide ein Muster auf das hartgekochte Ei.

2. Lege das Ei in die Farbe. Nimm es von Zeit zu Zeit heraus um zu sehen, wie tief die Färbung ist. Ist sie kräftig genug, stelle das Ei zum Trocknen in einen Eierbecher.
3. Die Wachslinien haben die Farbe nicht angenommen, und sind klar zu sehen.

Ausgeblasene Eier

Hartgekochte, verzierte Eier sehen sehr hübsch aus. Hast du aber einmal gelernt, wie man Eier ausbläst, kannst du noch interessantere Sachen machen.

● Du brauchst dazu:
Eier
Eierbecher
Stopfnadel
Holzbrettchen
dünne Nadel
Hammer
Topf
Plakafarben und Pinsel
Streichhölzer und Zwirn

1. Stelle ein Ei mit dem spitzeren Ende in den Eierbecher.
2. Stich mit der Nadelspitze oben in das Ei. Du mußt sehr vorsichtig sein, damit es nicht zerbricht. Dreh das Ei um.
3. Stich ein Loch in das andere Ende. Bewege die Nadel ein bißchen hin und her, damit es etwas größer wird, als das erste Loch.

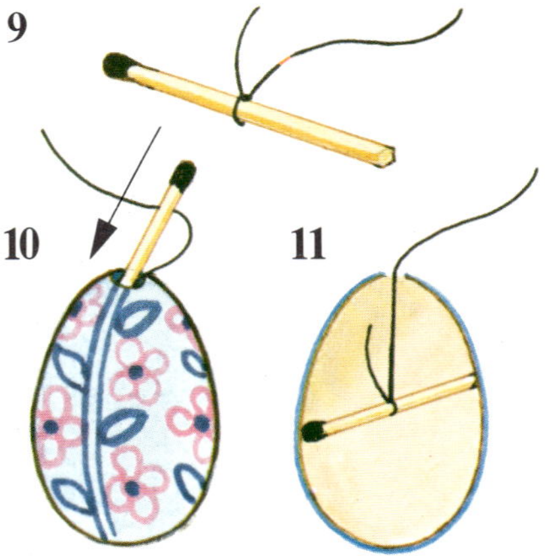

Du kannst die Eier als Schmuck aufhängen.
9. Binde einen Zwirnsfaden an ein Stückchen Streichholz.
10. Führe dieses in das größere der beiden Löcher ein.
11. Das Streichholz legt sich quer und du kannst das Ei aufhängen.

Christbaumschmuck

Schmücke mit deinen fertigen Eiern den Weihnachtsbaum.

Eier zum Aufhängen

Befestige sie an einem Bilderhaken in deinem Zimmer, oder bastle ein Mobile.
Das sieht am besten aus, wenn die Fäden verschiedene Längen haben.

4

4. Halte das Ei über eine Schüssel. Drücke deine Lippen gegen das kleinere Loch und blase. Das Innere des Eies fließt durch das andere Loch in die Schüssel.
Klappt es nicht, schüttele das Ei oder rühre mit der Nadel in dem Loch und versuche es dann noch einmal.

5

5. Wasche das Ei gründlich aus, sonst fängt es an zu riechen.
Halte es unter den Wasserhahn, so daß das Wasser zu dem einen Loch rein- und zum anderen wieder herausfließt.
Laß es trocknen.
Sei vorsichtig, damit du die dünne Eischale nicht zerbrichst.

6 7 8

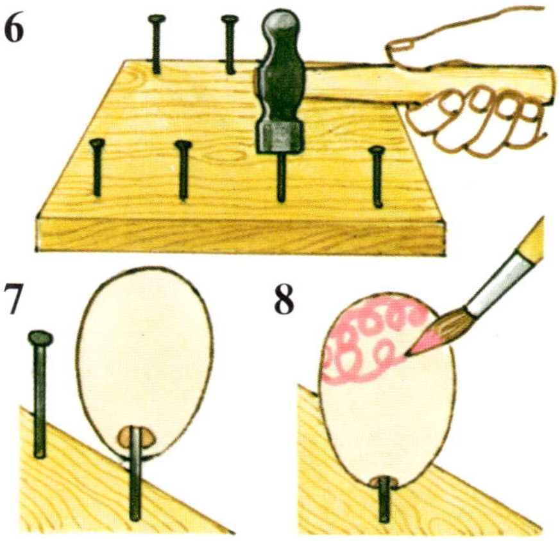

Bastle einen Eierständer.
6. Schlage einige Nägel in ein Brett, so daß sie fest sitzen.
7. Stülpe die Eier mit dem größeren Loch darüber.
8. Bemale sie, und laß sie solange auf den Nägeln, bis sie trocken sind.

1

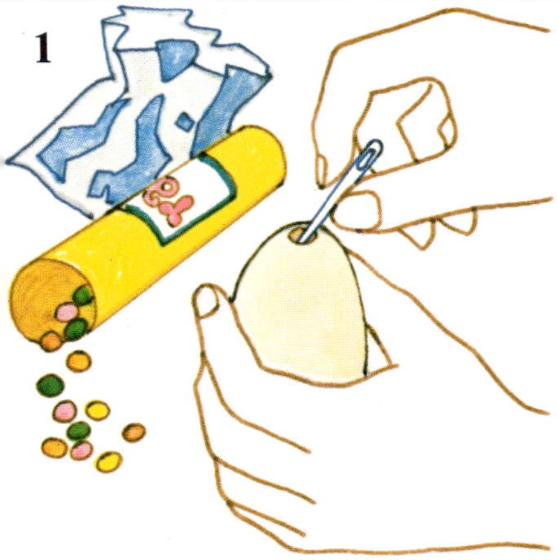

Geschenke

Wenn du die ausgeblasenen Eier füllst, kannst du „Überraschungseier" machen.

1. Vergrößere das Loch am oberen Ende des Eies, indem du die Nadel vorsichtig darin hin und her bewegst.

2

2. Fülle das Ei mit ganz kleinen Süßigkeiten. Je kleiner und leichter sie sind, um so weniger besteht die Gefahr, daß das Ei zerbricht. Verziere es mit bunten Aufklebern. Klebe den letzten direkt auf das Loch.

Fingerpüppchen

Du kannst auch Fingerpüppchen aus ausgeblasenen Eiern machen. Vergrößere das Loch am spitzen Ende bis du deinen Finger hineinstecken kannst. Male auf jedes Ei ein Gesicht, und gib deine eigene Puppentheatervorstellung.

Mäusekutsche

Steintierchen

Natur-Parade

Mit etwas Fantasie kannst du mit alten Steinen, Muscheln und Gräsern die du gesammelt hast, solche seltsamen Kreaturen, wie oben auf dem Foto, machen. Hast du diese Ideen ausprobiert, erfinde andere Fantasiegestalten, wie einen Muschelfrosch, eine Steineule, einen Blätterschmetterling oder eine Grasspinne.

Mäusekutsche

Du kannst diesen Wagen aus Früchten und Gemüse machen. Er läßt sich als Tischdekoration verwenden oder als „eßbare Skulptur“ verschenken. Nimm einen großen Teller als Arbeitsunterlage.

● Du brauchst dazu:
Orange
Stück Gurke
3 Radieschen
8 Nelken
Möhre
frischen Schnittlauch
Küchenmesser
Streichhölzer
großen Teller

Der Wagen

1. Schneide die Orange in der Mitte durch und nimm eine Hälfte als Wagen.
2. Von vier dicken Gurkenscheiben schneidest du ein kleines Stück ab und stellst auf jede Seite der Apfelsine zwei davon.

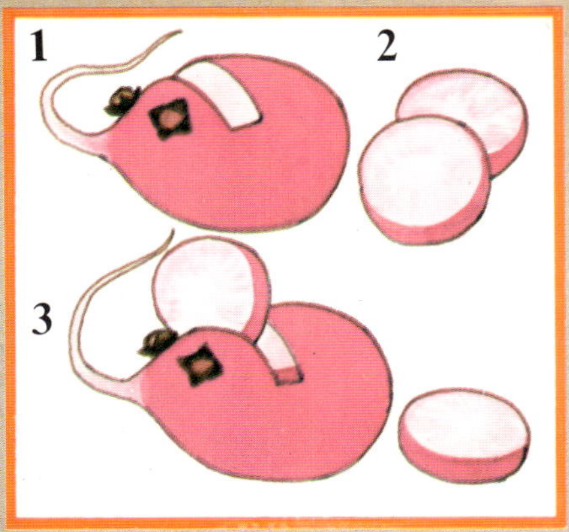

Die Mäuse

Wasche zwei Radieschen, entferne die Blätter, nicht aber das Wurzelende auf der anderen Seite.
1. Nimm als Augen zwei Nelken. Schneide eine kleine Kerbe in die Oberseite jedes Radieschens.
2. Schneide ein anderes Radieschen in Scheiben.
3. Stecke diese in die Kerben, und schon hast du Ohren.

Der Kutscher

1. Schneide die Möhrenenden ab. Nimm Nelken als Augen. Schneide ein Stück für den Mund heraus. Stecke eine halbe Radieschenscheibe hinein.
2. Nimm vier Schnittlauchstiele. Bohre auf jede Seite der Möhre ein Loch.
3. Befestige zwei mit Nelken in den Löchern.

Zusammensetzen

Setze die Mäuse vor die Orange. Lege zwei Schnittlauchstiele als Beine auf die Orange. Setze die Möhre darauf. Zum Schluß bekommt der Möhrenmann noch einen Hut aus dem oberen Teil eines Radieschens.

Graslibelle

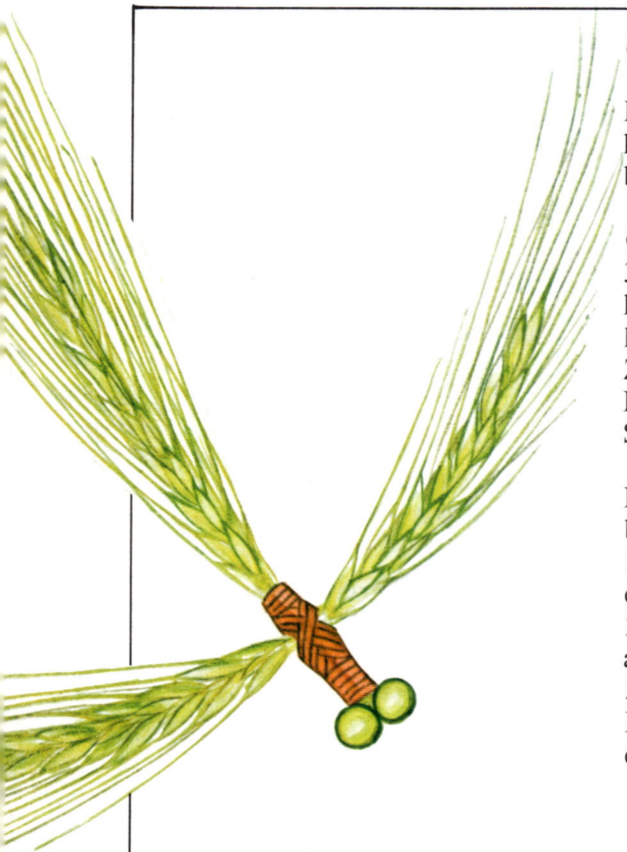

Bastelst du eine Graslibelle, hänge sie ins offene Fenster und beobachte, wie sie sich bewegt.

● Du brauchst dazu:
3 trockene Grasköpfchen
hohlen Grasstengel
klaren Klebstoff
Zwirn
Linsen oder Kieselsteine
Schnur

Pflücke einige wilde Gräser und brich die Köpfe ab.
1. Stecke ein Grasköpfchen in ein kurzes, hohles Stengelstück.
2. Lege zwei Grasköpfe als Flügel auf den Stengel und klebe sie fest.
3. Wickle den Zwirn, solange der Klebstoff noch feucht ist, in Form einer Acht um den Körper.

Nußsoldaten

● Du brauchst dazu:
Borkenstücke
verschiedene Nußschalen
Nüsse – Mandeln, Haselnüsse
Blatt oder flache Muschel
trockenes Gras oder Feder
kleine Zweige
Messer
Klebstoff
und Knetmasse

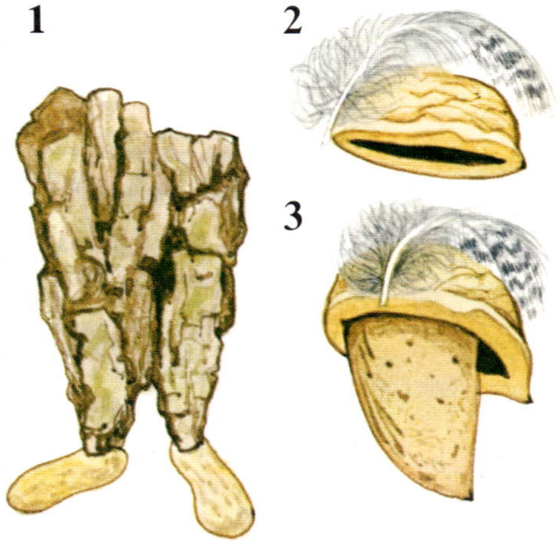

Mache aus Borke einen Körper.
1. Nimm für die Füße Nußschalen und klebe Knete darunter, falls er nicht gerade steht.
2. Benutze eine halbe Walnußschale als Helm und klebe die Feder oder das Gras als Federbusch an.
3. Leime eine ganze Nuß in den Helm. Das ist der Kopf.

Klebe den Kopf an den Körper.
4. Klebe ein Blatt oder eine Muschel als Schild an die eine Seite des Körpers.
5. Schneide Löcher in die Spitze und den Boden einer kleinen Nußschale.
6. Stecke als Waffe einen Zweig hinein. Klebe die Schale an den Körper.

4

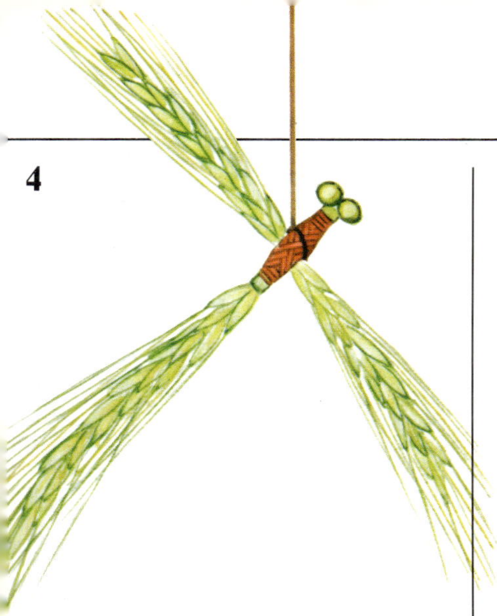

4. Klebe kleine Kiesel oder Linsen als Augen auf den Kopf. Nimm reichlich Klebstoff, damit sie fest sitzen.
Wickle das eine Ende einer Schnur um die Flügel, und hänge die Libelle am anderen Ende auf.

Steintiere

Du kannst alle möglichen Arten ungewöhnlicher Tiere machen, indem du einfache Steine von verschiedenen Formen und Größen aneinander klebst. Sammle verschiedene Steine und wasche sie gründlich (s. S. 5). Spiele mit ihnen und erfinde Tierfiguren.

● Du brauchst dazu:
Steine von verschiedener Größe
Klebstoff (Pattex oder Kompakt-Kleber)
Wenn dir deine Form gefällt, klebe sie zusammen. Befestige zuerst den Kopf am Körper, dann klebe Augen, Nase, Ohren und Schwanz an.

Muschelmann

● Du brauchst dazu:
2 runde Muscheln als Füße
große Muschel als Körper
Klebstoff
Tesafilm
Knetmasse
Kiesel oder Linsen für Augen
kleine Muschel für Nase und Mund
Plakafarbe und Pinsel

1

2

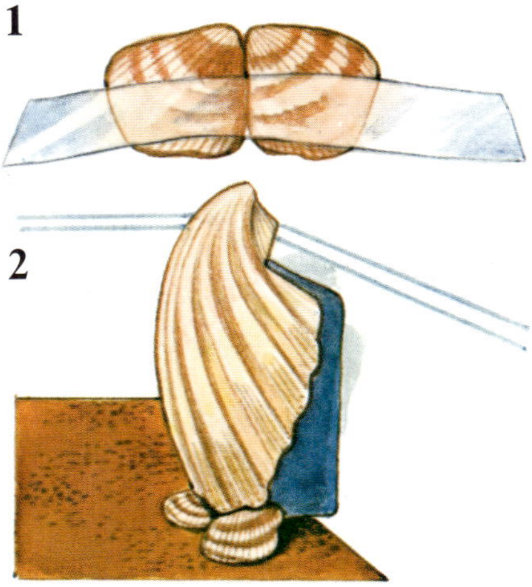

1. Lege die beiden runden Muscheln nebeneinander auf deine Arbeitsfläche und befestige sie mit Tesafilm.
2. Klebe die große Muschel darauf. Möglicherweise mußt du sie solange gegen die Wand lehnen, bis der Klebstoff trocken ist.

3

4

3. Leime Nase und Mund an.
4. Male die Kiesel oder Linsen weiß an und mache schwarze Punkte für die Pupillen darauf. Klebe sie an.

Natur-Collage

Wieviele verschiedene Figuren findest du auf dem Bild hier? Du kannst ähnliche Szenen mit allen möglichen Dingen, die du bei einem Spaziergang findest, zusammenstellen – Tannenzapfen und Gräser für Igel, Zapfen und Federn für Vögel, Kieselsteine mit Stöckchen als Beine für Schafe.
Male für eine Collage erst den Hintergrund auf. Klebe dann mit Klebstoff die gröberen Dinge an – Borkenstücke, Moos, Kiesel, getrocknete Blätter – und plaziere zum Schluß die Figuren.